NOUVELLES

DE

PROSPER MÉRIMÉE

Paris.—Imp. de Mme Ve Dondey-Dupré, rue St-Louis, 46.

NOUVELLES

DE

PROSPER MÉRIMÉE

De l'Académie Française

CARMEN. — ARSÈNE GUILLOT.
L'ABBÉ AUBAIN. — LA DAME DE PIQUE. — LES BOHÉMIENS.
LE HUSSARD. — NICOLAS GOGOL.

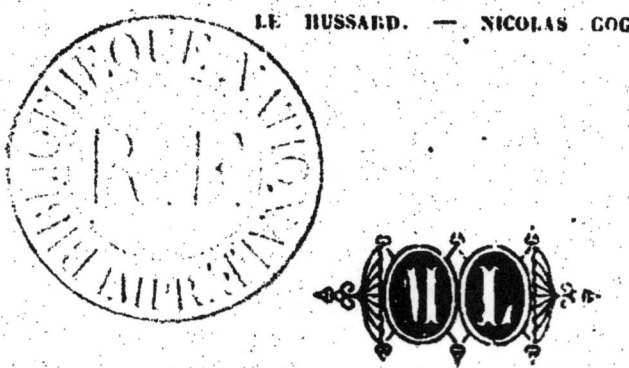

PARIS

MICHEL LÉVY FRÈRES, LIBRAIRES-ÉDITEURS

RUE VIVIENNE, 2 bis.

1852

CARMEN.

CARMEN.

Πᾶσα γυνὴ χόλος ἐστίν· ἔχει δ'ἀγαθὰς δύο ὥρας
Τὴν μίαν ἐν θαλάμῳ, τὴν μίαν ἐν θανάτῳ.

PALLADAS.

I

J'avais toujours soupçonné les géographes de ne savoir ce qu'ils disent lorsqu'ils placent le champ de bataille de Munda dans le pays des Bastuli-Pœni, près de la moderne Monda, à quelques deux lieues au nord de Marbella. D'après mes propres conjectures sur le texte de l'anonyme, auteur du *Bellum Hispaniense*, et quelques renseignements recueillis dans l'excellente bibliothèque du duc d'Ossuna, je pensais qu'il fallait chercher aux environs de Montilla le lieu mémorable où, pour la dernière fois, César joua quitte ou double contre les champions de la république. Me trouvant en Andalousie au commencement de l'automne de 1830, je fis une assez longue excursion pour éclaircir les doutes qui me restaient encore. Un mémoire que je publierai prochainement ne laissera plus, je l'espère, aucune incertitude dans l'esprit de tous les archéologues de bonne foi. En attendant que ma dissertation résolve enfin le problème géographique qui tient toute l'Europe savante en suspens, je veux vous raconter une petite histoire; elle ne préjuge rien sur l'intéressante question de l'emplacement de Monda.

J'avais loué à Cordoue un guide et deux chevaux, et m'étais mis en campagne avec les *Commentaires de César* et quelques chemises pour tout bagage. Certain jour, errant dans la partie élevée de la plaine de Cachena, harassé de fatigue, mourant de soif, brûlé par un soleil de plomb, je donnais au diable de bon cœur César et les fils de Pompée, lorsque j'aperçus, assez loin du sentier que je suivais, une petite pelouse verte parsemée de joncs et de roseaux. Cela m'annonçait le voisinage d'une source. En effet, en m'approchant, je vis que la prétendue pelouse était un marécage où se perdait un ruisseau, sortant, comme il semblait, d'une gorge étroite entre deux hauts contre-forts de la sierra de Cabra. Je conclus qu'en remontant je trouverais de l'eau plus fraîche, moins de sangsues et de grenouilles, et peut-être un peu d'ombre au milieu des rochers. A l'entrée de la gorge, mon cheval hennit, et un autre cheval, que je ne voyais pas, lui répondit aussitôt. A peine eus-je fait une centaine de pas, que la gorge, s'élargissant tout à coup, me montra une espèce de cirque naturel parfaitement ombragé par la hauteur des escarpements qui l'entouraient. Il était impossible de rencontrer un lieu qui promît au voyageur une halte plus agréable. Au pied de rochers à pic, la source s'élançait en bouillonnant, et tombait dans un petit bassin tapissé d'un sable blanc comme la neige. Cinq à six beaux chênes verts, toujours à l'abri du vent et rafraîchis par la source, s'élevaient sur ses bords, et la couvraient de leur épais ombrage ; enfin, autour du bassin, une herbe fine, lustrée, offrait un lit meilleur qu'on n'en eût trouvé dans aucune auberge à dix lieues à la ronde.

A moi n'appartenait pas l'honneur d'avoir découvert un si beau lieu. Un homme s'y reposait déjà, et sans doute dormait, lorsque j'y pénétrai. Réveillé par les hennissements, il s'était levé, et s'était rapproché de son cheval, qui avait profité du sommeil de son maître pour faire un bon repas de l'herbe aux environs. C'était un jeune gaillard, de taille moyenne, mais d'apparence robuste, au regard sombre et fier. Son teint, qui avait pu être beau, était devenu, par l'action du soleil, plus foncé que ses cheveux. D'une main il tenait le licol de sa monture, de l'autre une espingole de cuivre. J'avouerai que d'abord l'espingole et l'air farouche du porteur me surprirent quelque peu ; mais je ne croyais plus aux voleurs, à force d'en entendre parler et de n'en rencontrer jamais. D'ailleurs, j'avais vu tant d'honnêtes fermiers s'armer jusqu'aux dents pour aller au marché, que la vue d'une arme à feu ne m'autorisait pas à mettre en doute la moralité de l'inconnu. — Et puis, me disais-je, que ferait-il de mes chemises et de mes *Commentaires* Elzevir ? Je saluai donc l'homme à l'espingole d'un signe de tête familier, et je lui demandai en souriant si j'avais troublé son sommeil. Sans me répondre, il me toisa de la tête aux pieds ; puis, comme satisfait de son examen, il considéra avec la même attention mon guide, qui s'avançait. Je vis celui-ci pâlir et s'arrêter en montrant une terreur évidente. Mauvaise rencontre ! me dis-je. Mais la prudence me conseilla aussitôt de ne laisser voir aucune inquiétude. Je mis pied à terre ; je dis au guide de débrider, et, m'agenouillant au bord de la source, j'y plongeai ma tête et mes mains ; puis je bus une bonne gorgée, couché à plat ventre, comme les mauvais soldats de Gédéon.

J'observais cependant mon guide et l'inconnu. Le premier s'approchait bien à contre-cœur ; l'autre semblait n'avoir pas de mauvais desseins contre nous, car il avait rendu la liberté à son cheval, et son espingole, qu'il tenait d'abord horizontale, était maintenant dirigée vers la terre.

Ne croyant pas devoir me formaliser du peu de cas qu'on avait paru faire de ma personne, je m'étendis sur l'herbe, et d'un air dégagé je demandai à l'homme à l'espingole s'il n'avait pas un briquet sur lui. En même temps je tirais mon étui à cigares. L'inconnu, toujours sans parler, fouilla dans sa poche, prit son briquet, et s'empressa de me faire du feu. Évidemment il s'humanisait ; car il s'assit en face de moi, toutefois sans quitter son arme. Mon cigare allumé, je choisis le meilleur de ceux qui me restaient, et je lui demandai s'il fumait.

— Oui, monsieur, répondit-il. C'étaient les premiers mots qu'il faisait entendre, et je remarquai qu'il ne prononçait pas l's à la manière andalouse (1), d'où je conclus que c'était un voyageur comme moi, moins archéologue seulement.

(1) Les Andalous aspirent l's, et la confondent dans la prononciation avec le c doux et le z, que les Espagnols prononcent comme le *th* anglais. Sur le seul mot *Señor* on peut reconnaître un Andalous.

— Vous trouverez celui-ci assez bon, lui dis-je en lui présentant un véritable régalia de la Havane.

Il me fit une légère inclination de tête, alluma son cigare au mien, me remercia d'un autre signe de tête, puis se mit à fumer avec l'apparence d'un très-vif plaisir.

— Ah! s'écria-t-il en laissant échapper lentement sa première bouffée par la bouche et les narines, comme il y avait longtemps que je n'avais fumé!

En Espagne, un cigare donné et reçu établit des relations d'hospitalité, comme en Orient le partage du pain et du sel. Mon homme se montra plus causant que je ne l'avais espéré. D'ailleurs, bien qu'il se dit habitant du partido de Montilla, il paraissait connaître le pays assez mal. Il ne savait pas le nom de la charmante vallée où nous nous trouvions; il ne pouvait nommer aucun village des alentours; enfin, interrogé par moi s'il n'avait pas vu aux environs des murs détruits, de larges tuiles à rebords, des pierres sculptées, il confessa qu'il n'avait jamais fait attention à pareilles choses. En revanche, il se montra expert en matière de chevaux. Il critiqua le mien, ce qui n'était pas difficile; puis il me fit la généalogie du sien, qui sortait du fameux haras de Cordoue : noble animal, en effet, si dur à la fatigue, à ce que prétendait son maître, qu'il avait fait une fois trente lieues dans un jour, au galop ou au grand trot. Au milieu de sa tirade, l'inconnu s'arrêta brusquement, comme surpris et fâché d'en avoir trop dit. — C'est que j'étais très-pressé d'aller à Cordoue, reprit-il avec quelque embarras. J'avais à solliciter les juges pour un procès... En parlant, il regardait mon guide Antonio, qui baissait les yeux.

L'ombre et la source me charmèrent tellement, que je me souvins de quelques tranches d'excellent jambon que mes amis de Montilla avaient mis dans la besace de mon guide. Je les fis apporter, et j'invitai l'étranger à prendre sa part de la collation impromptue. S'il n'avait pas fumé depuis longtemps, il me parut vraisemblable qu'il n'avait pas mangé depuis quarante-huit heures au moins. Il dévorait comme un loup affamé. Je pensai que ma rencontre avait été providentielle pour le pauvre diable. Mon guide, cependant, mangeait peu, buvait encore moins, et ne parlait pas du tout, bien que depuis le commencement de notre voyage il se fût révélé à moi comme un bavard sans pareil. La présence de notre hôte semblait le gêner, et une certaine méfiance les éloignait l'un de l'autre sans que j'en devinasse positivement la cause.

Déjà les dernières miettes du pain et du jambon

avaient disparu; nous avions fumé chacun un second cigare; j'ordonnai au guide de brider nos chevaux, et j'allais prendre congé de mon nouvel ami, lorsqu'il me demanda où je comptais passer la nuit.

Avant que j'eusse fait attention à un signe de mon guide, j'avais répondu que j'allais à la venta del Cuervo.

— Mauvais gîte pour une personne comme vous, monsieur... J'y vais, et, si vous me permettez de vous accompagner, nous ferons route ensemble.

— Très-volontiers, dis-je en montant à cheval. Mon guide, qui me tenait l'étrier, me fit un nouveau signe des yeux. J'y répondis en haussant les épaules, comme pour l'assurer que j'étais parfaitement tranquille, et nous nous mîmes en chemin.

Les signes mystérieux d'Antonio, son inquiétude, quelques mots échappés à l'inconnu, surtout sa course de trente lieues et l'explication peu plausible qu'il en avait donnée, avaient déjà formé mon opinion sur le compte de mon compagnon de voyage. Je ne doutai pas que je n'eusse affaire à un contrebandier, peut-être à un voleur; que m'importait? Je connaissais assez le caractère espagnol pour être très-sûr de n'avoir rien à craindre d'un homme qui avait mangé et fumé avec moi. Sa présence même était une protection assurée contre toute mauvaise rencontre. D'ailleurs, j'étais bien aise de savoir ce que c'est qu'un brigand. On n'en voit pas tous les jours, et il y a un certain charme à se trouver auprès d'un être dangereux, surtout lorsqu'on le sent doux et apprivoisé.

J'espérais amener par degrés l'inconnu à me faire des confidences, et, malgré les clignements d'yeux de mon guide, je mis la conversation sur les voleurs de grand chemin. Bien entendu que j'en parlai avec respect. Il y avait alors en Andalousie un fameux bandit nommé José-Maria, dont les exploits étaient dans toutes les bouches. — Si j'étais à côté de José-Maria? me disais-je... Je racontai les histoires que je savais de ce héros, toutes à sa louange d'ailleurs, et j'exprimai hautement mon admiration pour sa bravoure et sa générosité.

— José-Maria n'est qu'un drôle, dit froidement l'étranger.

— Se rend-il justice, ou bien est-ce excès de modestie de sa part? me demandai-je mentalement; car, à force de considérer mon compagnon, j'étais parvenu à lui appliquer le signalement de José-Maria, que j'avais lu affiché aux portes de mainte ville d'Andalousie.—Oui, c'est bien lui... Cheveux blonds, yeux bleus, grande bouche, belles dents, les mains petites; une chemise fine, une veste de velours à boutons d'argent, des guêtres de peau blanche, un cheval bai... Plus de doute! Mais respectons son incognito.

Nous arrivâmes à la venta. Elle était telle qu'il me l'avait dépeinte, c'est-à-dire une des plus misérables que j'eusse encore rencontrées. Une grande pièce servait de cuisine, de salle à manger et de chambre à coucher. Sur une pierre plate, le feu se faisait au milieu de la chambre, et la fumée sortait par un trou pratiqué dans le toit, ou plutôt s'arrêtait, formant un nuage à quelques pieds au-dessus du sol. Le long du mur, on voyait étendues par terre cinq ou six vieilles couvertures de mulets; c'étaient les lits des voyageurs. A vingt pas de la maison, ou plutôt de l'unique pièce que je viens de décrire, s'élevait une espèce de hangar servant d'écurie. Dans ce charmant séjour, il n'y avait d'autres êtres humains, du moins pour le moment, qu'une vieille femme et une petite fille de dix à douze ans, toutes les deux de couleur de suie et vêtues d'horribles haillons. — Voilà tout ce qui reste, me dis-je, de la population de l'antique Munda Bætica! O César! ô Sextus Pompée!

que vous seriez surpris si vous reveniez au monde !

En apercevant mon compagnon, la vieille laissa échapper une exclamation de surprise. — Ah ! seigneur don José ! s'écria-t-elle.

Don José fronça le sourcil, et leva une main d'un geste d'autorité qui arrêta la vieille aussitôt. Je me tournai vers mon guide, et, d'un signe imperceptible, je lui fis comprendre qu'il n'avait rien à m'apprendre sur le compte de l'homme avec qui j'allais passer la nuit. Le souper fut meilleur que je ne m'y attendais. On nous servit, sur une petite table haute d'un pied, un vieux coq fricassé avec du riz et force piments, puis des piments à l'huile, enfin du *gaspacho*, espèce de salade de piments. Trois plats ainsi épicés nous obligèrent de recourir souvent à une outre de vin de Montilla qui se trouva délicieux. Après avoir mangé, avisant une mandoline accrochée contre la muraille, il y a partout des mandolines en Espagne, je demandai à la petite fille qui nous servait si elle savait en jouer.

— Non, répondit-elle ; mais don José en joue si bien !

— Soyez assez bon, lui dis-je, pour me chanter quelque chose ; j'aime à la passion votre musique nationale.

— Je ne puis rien refuser à un monsieur si honnête, qui me donne de si excellents cigares, s'écria don José d'un air de bonne humeur; et, s'étant fait donner la mandoline, il chanta en s'accompagnant. Sa voix était rude, mais pourtant agréable, l'air mélancolique et bizarre; quant aux paroles, je n'en compris pas un mot.

— Si je ne me trompe, lui dis-je, ce n'est pas un air espagnol que vous venez de chanter. Cela ressemble aux *zorzicos* que j'ai entendus dans les *Provinces* (1), et les paroles doivent être en langue basque.

— Oui, répondit don José d'un air sombre. Il posa la mandoline à terre, et, les bras croisés, il se mit à contempler le feu qui s'éteignait, avec une singulière expression de tristesse. Éclairée par une lampe posée sur la petite table, sa figure, à la fois noble et farouche, me rappelait le Satan de Milton. Comme lui peut-être, mon compagnon songeait au séjour qu'il avait quitté, à l'exil qu'il avait encouru par une faute. J'essayai de ranimer la conversation, mais il ne répondit pas, absorbé qu'il était dans ses tristes

---

(1) *Les provinces privilégiées*, jouissant de *fueros* particuliers, c'est-à-dire l'Alava, la Biscaïe, la Guipuzcoa, et une partie de la Navarre. Le basque est la langue du pays.

pensées. Déjà la vieille s'était couchée dans un coin de la salle, à l'abri d'une couverture trouée tendue sur une corde. La petite fille l'avait suivie dans cette retraite réservée au beau sexe. Mon guide alors, se levant, m'invita à le suivre à l'écurie; mais, à ce mot, don José, comme réveillé en sursaut, lui demanda d'un ton brusque où il allait.

— A l'écurie, répondit le guide.

— Pourquoi faire? les chevaux ont à manger. Couche ici, Monsieur le permettra.

— Je crains que le cheval de Monsieur ne soit malade; je voudrais que Monsieur le vît : peut-être saura-t-il ce qu'il faut lui faire.

Il était évident qu'Antonio voulait me parler en particulier; mais je ne me souciais pas de donner des soupçons à don José, et, au point où nous en étions, il me semblait que le meilleur parti à prendre était de montrer la plus grande confiance. Je répondis donc à Antonio que je n'entendais rien aux chevaux, et que j'avais envie de dormir. Don José le suivit à l'écurie, d'où bientôt il revint seul. Il me dit que le cheval n'avait rien, mais que mon guide le trouvait un animal si précieux, qu'il le frottait avec sa veste pour le faire transpirer, et qu'il comptait passer la nuit dans cette douce occupation. Cependant, je m'étais étendu sur les couvertures de mulets, soigneusement enveloppé dans mon manteau, pour ne pas les toucher. Après m'avoir demandé pardon de la liberté qu'il prenait de se mettre auprès de moi, dont José se coucha devant la porte, non sans avoir renouvelé l'amorce de son espingole, qu'il eut soin de placer sous la besace qui lui servait d'oreiller. Cinq minutes après nous être mutuellement souhaité le bonsoir, nous étions l'un et l'autre profondément endormis.

Je me croyais assez fatigué pour pouvoir dormir dans un pareil gîte; mais, au bout d'une heure, de très-désagréables démangeaisons m'arrachèrent à mon premier somme. Dès que j'en eus compris la nature, je me levai, persuadé qu'il valait mieux passer le reste de la nuit à la belle étoile que sous ce toit inhospitalier. Marchant sur la pointe du pied, je gagnai la porte, j'enjambai par dessus la couche de don José, qui dormait du sommeil du juste, et je fis si bien que je sortis de la maison sans qu'il s'éveillât. Auprès de la porte était un large banc de bois; je m'étendis dessus, et m'arrangeai de mon mieux pour achever ma nuit. J'allais fermer les yeux pour la seconde fois, quand il me sembla voir passer devant moi l'ombre d'un homme et l'ombre d'un cheval, marchant l'un et l'autre sans faire le moindre bruit. Je me mis sur mon séant, et je crus reconnaître Antonio. Surpris de le voir hors de l'écurie à pareille heure, je me levai et marchai à sa rencontre. Il s'était arrêté, m'ayant aperçu d'abord.

— Où est-il? me demanda Antonio à voix basse.

— Dans la venta; il dort; il n'a pas peur des punaises. Pourquoi donc emmenez-vous ce cheval?

Je remarquai alors que, pour ne pas faire de bruit en sortant du hangar, Antonio avait soigneusement enveloppé les pieds de l'animal avec les débris d'une vieille couverture.

—Parlez plus bas, me dit Antonio, au nom de Dieu! Vous ne savez pas qui est cet homme-là. C'est José Navarro, le plus insigne bandit de l'Andalousie. Toute la journée je vous ai fait des signes que vous n'avez pas voulu comprendre.

— Bandit ou non, que m'importe? répondis-je; il ne nous a pas volés, et je parierais qu'il n'en a pas envie.

— A la bonne heure; mais il y a deux cents ducats pour qui le livrera. Je sais un poste de lanciers à une lieue et demie d'ici, et avant qu'il soit jour, j'amènerai quelques gaillards solides. J'aurais pris son cheval, mais il est si méchant que nul que le Navarro ne peut en approcher.

— Que le diable vous emporte! lui dis-je. Quel mal vous a fait ce pauvre homme pour le dénoncer? D'ailleurs, êtes-vous sûr qu'il soit le brigand que vous dites?

— Parfaitement sûr; tout à l'heure il m'a suivi dans l'écurie et m'a dit : « Tu as l'air de me connaître; si tu dis à ce bon monsieur qui je suis, je te fais sauter la cervelle. » Restez, Monsieur, restez auprès de lui; vous n'avez rien à craindre. Tant qu'il vous saura là, il ne se méfiera de rien.

Tout en parlant, nous nous étions déjà assez éloignés de la venta pour qu'on ne pût entendre les fers du cheval. Antonio l'avait débarrassé en un clin d'œil des guenilles dont il lui avait enveloppé les pieds; il se préparait à enfourcher sa monture. J'essayai prières et menaces pour le retenir.

— Je suis un pauvre diable, Monsieur, me disait-il; deux cents ducats ne sont pas à perdre, surtout quand il s'agit de délivrer le pays de pareille vermine. Mais prenez garde : si le Navarro se réveille, il sautera sur son espingole, et gare à vous! Moi, je suis trop avancé pour reculer; arrangez-vous comme vous pourrez.

Le drôle était en selle; il piqua des deux, et dans l'obscurité je l'eus bientôt perdu de vue.

J'étais fort irrité contre mon guide et passablement inquiet. Après un instant de réflexion, je me décidai et rentrai dans la venta. Don José dormait encore, réparant sans doute en ce moment les fatigues et les veilles de plusieurs journées aventureuses. Je fus obligé de le secouer rudement pour l'éveiller. Jamais je n'oublierai son regard farouche et le mouvement qu'il fit pour saisir son espingole, que, par mesure de précaution, j'avais mise à quelque distance de sa couche.

— Monsieur, lui dis-je, je vous demande pardon de vous éveiller; mais j'ai une sotte question à vous faire : seriez-vous bien aise de voir arriver ici une demi-douzaine de lanciers?

Il sauta en pieds, et d'une voix terrible :

— Qui vous l'a dit? me demanda-t-il.

— Peu importe d'où vient l'avis, pourvu qu'il soit bon.

— Votre guide m'a trahi, mais il me le payera? Où est-il?

— Je ne sais... Dans l'écurie, je pense... mais quelqu'un m'a dit...

— Qui vous a dit?.. Ce ne peut-être la vieille...

— Quelqu'un que je ne connais pas... Sans plus de paroles, avez-vous, oui ou non, des motifs pour ne pas attendre les soldats? Si vous en avez, ne perdez pas de temps, sinon bonsoir, et je vous demande pardon d'avoir interrompu votre sommeil.

— Ah! votre guide! votre guide! Je m'en étais méfié d'abord... mais... son compte est bon!... Adieu, Monsieur. Dieu vous rende le service que je vous dois. Je ne suis pas tout à fait aussi mauvais que vous me croyez... oui; il y a encore en moi quelque chose qui mérite la pitié d'un galant homme... Adieu, Monsieur... Je n'ai qu'un regret, c'est de ne pouvoir m'acquitter envers vous.

— Pour prix du service que je vous ai rendu, promettez-moi, don José, de ne soupçonner personne, de ne pas songer à la vengeance. Tenez, voilà des cigares pour votre route; bon voyage! Et je lui tendis la main.

Il me la serra sans répondre, prit son espingole et sa besace, et, après avoir dit quelques mots à la vieille dans un argot que je ne pus comprendre, il courut au hangar. Quelques instants après, je l'entendais galoper dans la campagne.

Pour moi, je me recouchai sur mon banc, mais je ne me rendormis point. Je me demandais si j'avais eu raison de sauver de la potence un voleur, et peut-être un meurtrier, et cela seulement parce que j'avais mangé du jambon avec lui et du riz à la valencienne. N'avais-je pas trahi mon guide qui soutenait la cause des lois; ne l'avais-je pas exposé à la vengeance d'un scélérat? Mais les devoirs de l'hospitalité!... Préjugé de sauvage, me disais-je; j'aurai à répondre de tous les crimes que le bandit va commettre... Pourtant est-ce un préjugé que cet instinct de conscience qui résiste à tous les raisonnements? Peut-être, dans la situation délicate où je me trouvais, ne pouvais-je m'en tirer sans remords. Je flottais encore dans la plus grande incertitude au sujet de la moralité de mon action, lorsque je vis paraître une demi douzaine de cavaliers avec Antonio, qui se tenait prudemment à l'arrière-garde. J'allai au-devant d'eux, et les prévins que le bandit avait pris la fuite depuis plus de deux heures. La vieille, interrogée par le brigadier, répondit qu'elle connaissait le Navarro, mais que, vivant seule, elle n'aurait jamais osé risquer sa vie en le dénonçant. Elle ajouta que son habitude, lorsqu'il venait chez elle, était de partir toujours au milieu de la nuit. Pour moi, il me fallut aller, à quelques lieues de là, exhiber mon passeport et signer une déclaration devant un alcade, après quoi on me permit de reprendre mes recherches archéologiques. Antonio me gardait rancune, soupçonnant que c'était moi qui l'avais empêché de gagner les deux cents ducats. Pourtant nous nous séparâmes bons amis à Cordoue ; là, je lui donnai une gratification aussi forte que l'état de mes finances pouvait me le permettre.

. . . .

II

Je passai quelques jours à Cordoue. On m'avait indiqué certain manuscrit de la bibliothèque des Dominicains, où je devais trouver des renseignements intéressants sur l'antique Munda. Fort bien accueilli par les bons Pères, je passais les journées dans leur couvent, et le soir je me promenais par la ville. A Cordoue, vers le coucher du soleil, il y a quantité d'oisifs sur le quai qui borde la rive droite du Guadalquivir. Là, on respire les émanations d'une tannerie qui conserve encore l'antique renommée du pays pour la préparation des cuirs; mais, en revanche, on y jouit d'un spectacle qui a bien son mérite. Quelques minutes avant l'*angélus*, un grand nombre de femmes se rassemblent sur le bord du fleuve, au bas du quai, lequel est assez élevé. Pas un homme n'oserait se mêler à cette troupe. Aussitôt que l'*angélus* sonne, il est censé qu'il fait nuit.

Au dernier coup de cloche, toutes ces femmes se déshabillent et entrent dans l'eau. Alors ce sont des cris, des rires, un tapage infernal. Du haut du quai, les hommes contemplent les baigneuses, écarquillent les yeux, et ne voient pas grand'chose. Cependant ces formes blanches et incertaines qui se dessinent sur le sombre azur du fleuve, font travailler les esprits poétiques, et, avec un peu d'imagination, il n'est pas difficile de se représenter Diane et ses nymphes au bain, sans avoir à craindre le sort d'Actéon. — On m'a dit que quelques mauvais garnements se cotisèrent certain jour, pour graisser la patte au sonneur de la cathédrale et lui faire sonner l'*angélus* vingt minutes avant l'heure légale. Bien qu'il fît encore grand jour, les nymphes du Guadalquivir n'hésitèrent pas, et se fiant plus à l'*angélus* qu'au soleil, elles firent en sûreté de conscience leur toilette de bain, qui est toujours des plus simples. Je n'y étais pas. De mon temps, le sonneur était incorruptible, le crépuscule peu clair, et un chat seulement aurait pu distinguer la plus vieille marchande d'oranges de la plus jolie grisette de Cordoue.

Un soir, à l'heure où l'on ne voit plus rien, je fumais, appuyé sur le parapet du quai, lorsqu'une femme, remontant l'escalier qui conduit à la rivière, vint s'asseoir près de moi. Elle avait dans les cheveux un gros bouquet de jasmin, dont les pétales exhalent le soir une odeur enivrante. Elle était simplement, peut-être pauvrement vêtue, tout en noir, comme la plupart des grisettes dans la soirée. Les femmes comme il faut ne portent le noir que le matin; le soir, elles s'habillent *à la francesa*. En arrivant auprès de moi, ma baigneuse laissa glisser sur ses épaules la mantille qui lui couvrait la tête, et, *à l'obscure clarté qui tombe des étoiles*, je vis qu'elle était petite, jeune, bien faite, et qu'elle avait de très-grands yeux. Je jetai mon cigaro aussitôt. Elle comprit cette attention d'une politesse toute française, et se hâta de me dire qu'elle aimait beaucoup l'odeur du tabac, et que même elle fumait, quand elle trouvait des *papelitos* bien doux. Par bonheur, j'en avais de tels dans mon étui, et je m'empressai de lui en offrir. Elle daigna en prendre un, et l'alluma à un bout de corde enflammé qu'un enfant nous apporta moyennant un sou. Mêlant nos fumées, nous causâmes si longtemps, la belle baigneuse et moi, que nous nous trouvâmes presque seuls sur le quai. Je crus n'être point indiscret en lui offrant d'aller prendre des glaces à la *neveria* (1).

(1) Café pourvu d'une glacière, où plutôt d'un dépôt de neige. En Espagne, il n'y a guère de village qui n'ait sa *neveria*.

Après une hésitation modeste elle accepta; mais avant de se décider, elle désira savoir quelle heure il était. Je fis sonner ma montre, et cette sonnerie parut l'étonner beaucoup. — Quelles inventions on a chez vous, messieurs les étrangers! De quel pays êtes-vous, monsieur? Anglais sans doute (1)?

— Français et votre grand serviteur. Et vous mademoiselle, ou madame, vous êtes probablement de Cordoue?

— Non.

— Vous êtes du moins Andalouse. Il me semble le reconnaître à votre doux parler.

— Si vous remarquez si bien l'accent du monde, vous devez bien deviner qui je suis.

— Je crois que vous êtes du pays de Jésus, à deux pas du paradis.

(J'avais appris cette métaphore, qui désigne l'Andalousie, de mon ami Francisco Sevilla, picador bien connu.)

— Bah! le paradis... les gens d'ici disent qu'il n'est pas fait pour nous.

(1) En Espagne, tout voyageur qui ne porte pas avec lui des échantillons de calicot ou de soieries passe pour un Anglais, *Inglesito*. Il en est de même en Orient. A Chalcis, j'ai eu l'honneur d'être annoncé comme un Μιλόρδος Φραντζέσος.

— Alors, vous seriez donc Moresque, ou... je m'arrêtai, n'osant dire : juive.

— Allons, allons ! vous voyez bien que je suis bohémienne; voulez-vous que je vous dise *la baji* (1) ? Avez-vous entendu parler de la Carmencita ? C'est moi.

J'étais alors un tel mécréant, il y a de cela quinze ans, que je ne reculai pas d'horreur en me voyant à côté d'une sorcière. — Bon ! me dis-je; la semaine passée, j'ai soupé avec un voleur de grands chemins, allons aujourd'hui prendre des glaces avec une servante du diable. En voyage il faut tout voir. J'avais encore un autre motif pour cultiver sa connaissance. Sortant du collége, je l'avouerai à ma honte, j'avais perdu quelque temps à étudier les sciences occultes et même plusieurs fois j'avais tenté de conjurer l'esprit de ténèbres. Guéri depuis longtemps de la passion de semblables recherches, je n'en conservais pas moins un certain attrait de curiosité pour toutes les superstitions, et me faisais une fête d'apprendre jusqu'où s'était élevé l'art de la magie parmi les Bohémiens.

Tout en causant, nous étions entrés dans la *neveria*, et nous étions assis à une petite table éclairée par une bougie renfermée dans un globe de verre. J'eus alors

(1) La bonne aventure.

tout le loisir d'examiner ma *gitana* pendant que quelques honnêtes gens s'ébahissaient, en prenant leurs glaces, de me voir en si bonne compagnie.

Je doute fort que mademoiselle Carmen fût de race pure, du moins elle était infiniment plus jolie que toutes les femmes de sa nation que j'aie jamais rencontrées. Pour qu'une femme soit belle, il faut, disent les Espagnols, qu'elle réunisse trente *si*, ou, si l'on veut, qu'on puisse la définir au moyen de dix adjectifs applicables chacun à trois parties de sa personne. Par exemple, elle doit avoir trois choses noires : les yeux, les paupières et les sourcils; trois fines, les doigts, les lèvres, les cheveux, etc. Voyez Brantôme pour le reste. Ma bohémienne ne pouvait prétendre à tant de perfections. Sa peau, d'ailleurs parfaitement unie, approchait fort de la teinte du cuivre. Ses yeux étaient obliques, mais admirablement fendus; ses lèvres un peu fortes, mais bien dessinées et laissant voir des dents plus blanches que des amandes sans leur peau. Ses cheveux, peut-être un peu gros, étaient noirs, à reflets bleus comme l'aile d'un corbeau, longs et luisants. Pour ne pas vous fatiguer d'une description trop prolixe, je vous dirai en somme qu'à chaque défaut elle réunissait une qualité qui ressortait peut-être plus fortement par le contraste.

C'était une beauté étrange et sauvage, une figure qui étonnait d'abord, mais qu'on ne pouvait oublier. Ses yeux surtout avaient une expression à la fois voluptueuse et farouche que je n'ai trouvée depuis à aucun regard humain. OEil de bohémien, œil de loup, c'est un dicton espagnol qui dénote une bonne observation. Si vous n'avez pas le temps d'aller au Jardin des Plantes pour étudier le regard d'un loup, considérez votre chat quand il guette un moineau.

On sent qu'il eût été ridicule de se faire tirer la bonne aventure dans un café. Aussi je priai la jolie sorcière de me permettre de l'accompagner à son domicile; elle y consentit sans difficulté, mais elle voulut connaître encore la marche du temps, et me pria de nouveau de faire sonner ma montre.

— Est-elle vraiment d'or? dit-elle en la considérant avec une excessive attention.

Quand nous nous remîmes en marche, il était nuit close; la plupart des boutiques étaient fermées et les rues presque désertes. Nous passâmes le pont du Guadalquivir, et à l'extrémité du faubourg nous nous arrêtâmes devant une maison qui n'avait nullement l'apparence d'un palais. Un enfant nous ouvrit. La bohémienne lui dit quelques mots dans une langue à moi inconnue, que je sus depuis être la *rommani* ou *chipe calli*, l'idiome des gitanos. Aussitôt l'enfant disparut, nous laissant dans une chambre assez vaste, meublée d'une petite table, de deux tabourets et d'un coffre. Je ne dois point oublier une jarre d'eau, un tas d'oranges et une botte d'ognons.

Dès que nous fûmes seuls, la bohémienne tira de son coffre des cartes qui paraissaient avoir beaucoup servi, un aimant, un caméléon desséché, et quelques autres objets nécessaires à son art. Puis elle me dit de faire la croix dans ma main gauche avec une pièce de monnaie, et les cérémonies magiques commencèrent. Il est inutile de vous rapporter ses prédictions, et, quant à sa manière d'opérer, il était évident qu'elle n'était pas sorcière à demi.

Malheureusement nous fûmes bientôt dérangés. La porte s'ouvrit tout à coup avec violence, et un homme, enveloppé jusqu'aux yeux dans un manteau brun entra dans la chambre en apostrophant la bohémienne d'une façon peu gracieuse. Je n'entendais pas ce qu'il disait, mais le ton de sa voix indiquait qu'il était de fort mauvaise humeur. A sa vue, la gitana ne montra ni surprise ni colère, mais elle accourut à sa rencontre, et, avec une volubilité extraordinaire, lui adressa quelques phrases dans la langue mystérieuse dont elle s'était déjà servie devant moi. Le mot de *payllo*, souvent répété, était le seul mot que je comprisse. Je savais que les bohémiens désignent ainsi tout homme étranger à leur race. Supposant qu'il s'agissait de moi, je m'attendais à une explication délicate; déjà j'avais la main sur le pied d'un des tabourets, et je syllogisais à part moi pour deviner le moment précis où il conviendrait de le jeter à la tête de l'intrus. Celui-ci repoussa rudement la bohémienne, et s'avança vers moi; puis, reculant d'un pas :

— Ah ! Monsieur, dit-il, c'est vous !

Je le regardai à mon tour, et reconnus mon ami don José. En ce moment, je regrettais un peu de ne pas l'avoir laissé pendre.

— Eh ! c'est vous, mon brave ! m'écriai-je en riant le moins jaune que je pus; vous avez interrompu mademoiselle au moment où elle m'annonçait des choses bien intéressantes.

— Toujours la même ! Ça finira, dit-il entre ses dents, attachant sur elle un regard farouche.

Cependant la bohémienne continuait à lui parler dans sa langue. Elle s'animait par degrés. Son œil s'injectait de sang et devenait terrible, ses traits se contractaient, elle frappait du pied. Il me sembla qu'elle le pressait vivement de faire quelque chose à quoi il montrait de l'hésitation. Ce que c'était, je croyais ne le comprendre que trop à la voir passer et repasser rapidement sa petite main sous son menton. J'étais tenté de croire qu'il s'agissait d'une gorge à couper, et j'avais quelques soupçons que cette gorge ne fût la mienne.

A tout ce torrent d'éloquence, don José ne répondit que par deux ou trois mots prononcés d'un ton bref. Alors la bohémienne lui lança un regard de profond mépris; puis, s'asseyant à la turque dans un coin de la chambre, elle choisit une orange, la pela et se mit à la manger.

Don José me prit le bras, ouvrit la porte et me conduisit dans la rue. Nous fîmes environ deux cents pas dans le plus profond silence. Puis, étendant la main :

— Toujours tout droit, dit-il, et vous trouverez le pont.

Aussitôt il me tourna le dos et s'éloigna rapidement. Je revins à mon auberge un peu penaud et d'assez mauvaise humeur. Le pire fut qu'en me déshabillant, je m'aperçus que ma montre me manquait.

Diverses considérations m'empêchèrent d'aller la réclamer le lendemain, ou de solliciter M. le corrégidor pour qu'il voulût bien la faire chercher. Je terminai mon travail sur le manuscrit des Dominicains et je partis pour Séville. Après plusieurs mois de courses errantes en Andalousie, je voulus retourner à Madrid, et il me fallut repasser par Cordoue. Je n'avais pas l'intention d'y faire un long séjour, car j'avais pris en grippe cette belle ville et les baigneuses du Guadalquivir. Cependant quelques amis à revoir, quelques commissions à faire devaient me retenir au moins trois ou quatre jours dans l'antique capitale des princes musulmans.

Dès que je reparus au couvent des Dominicains, un des pères qui m'avait toujours montré un vif intérêt dans mes recherches sur l'emplacement de Munda, m'accueillit les bras ouverts, en s'écriant :

— Loué soit le nom de Dieu! Soyez le bien-venu, mon cher ami. Nous vous croyions tous mort, et moi, qui vous parle, j'ai récité bien des *pater* et des *ave*, que je ne regrette pas, pour le salut de votre âme. Ainsi vous n'êtes pas assassiné, car pour volé nous savons que vous l'êtes?

— Comment cela? lui demandai-je un peu surpris.

— Oui, vous savez bien, cette belle montre à répétition que vous faisiez sonner dans la bibliothèque, quand nous vous disions qu'il était temps d'aller au chœur. Eh bien! elle est retrouvée, on vous la rendra.

— C'est-à-dire, interrompis-je un peu décontenancé, que je l'avais égarée...

— Le coquin est sous les verrous, et, comme on savait qu'il était homme à tirer un coup de fusil à un chrétien pour lui prendre une piécette, nous mourions de peur qu'il ne vous eût tué. J'irai avec vous chez le corrégidor, et nous vous ferons rendre votre belle montre. Et puis, avisez-vous de dire là-bas que la justice ne sait pas son métier en Espagne !

— Je vous avoue, lui dis-je, que j'aimerais mieux perdre ma montre que de témoigner en justice pour faire pendre un pauvre diable, surtout parce que... parce que...

— Oh ! n'ayez aucune inquiétude ; il est bien recommandé, et on ne peut le pendre deux fois. Quand je dis pendre, je me trompe. C'est un hidalgo que votre voleur ; il sera donc *garrotté* après demain sans rémission (1). Vous voyez qu'un vol de plus ou de moins ne changera rien à son affaire. Plût à Dieu qu'il n'eût que volé ! mais il a commis plusieurs meurtres, tous plus horribles les uns que les autres.

— Comment se nomme-t-il ?

(1) En 1830, la noblesse jouissait encore de ce privilége. Aujourd'hui, sous le régime constitutionnel, les vilains ont conquis le droit au *garrote*.

— On le connaît dans le pays sous le nom de José Navarro; mais il a encore un autre nom basque, que ni vous ni moi ne prononcerons jamais. Tenez, c'est un homme à voir, et vous qui aimez à connaître les singularités du pays, vous ne devez pas négliger d'apprendre comment en Espagne les coquins sortent de ce monde. Il est en chapelle, et le père Martinez vous y conduira.

Mon Dominicain insista tellement pour que je visse les apprêts du « *petit pendement pien choli,* » que je ne pus m'en défendre. J'allai voir le prisonnier, muni d'un paquet de cigares qui, je l'espérais, devaient lui faire excuser mon indiscrétion.

On m'introduisit auprès de don José, au moment où il prenait son repas. Il me fit un signe de tête assez froid, et me remercia poliment du cadeau que je lui apportais. Après avoir compté les cigares du paquet que j'avais mis entre ses mains, il en choisit un certain nombre, et me rendit le reste, observant qu'il n'avait pas besoin d'en prendre davantage.

Je lui demandai si, avec un peu d'argent, ou par le crédit de mes amis, je pourrais obtenir quelque adoucissement à son sort. D'abord il haussa les épaules en souriant avec tristesse; bientôt, se ravisant, il me pria de faire dire une messe pour le salut de son âme.

— Voudriez-vous, ajouta-t-il timidement, voudriez-vous en faire dire une autre pour une personne qui vous a offensé ?

— Assurément, mon cher, lui dis-je ; mais personne, que je sache, ne m'a offensé en ce pays.

Il me prit la main et la serra d'un air grave. Après un moment de silence, il reprit :

— Oserai-je encore vous demander un service ?... Quand vous reviendrez dans votre pays, peut-être passerez-vous par la Navarre : au moins vous passerez par Vittoria, qui n'en est pas fort éloignée.

— Oui, lui dis-je, je passerai certainement par Vittoria ; mais il n'est pas impossible que je me détourne pour aller à Pampelune, et, à cause de vous, je crois que je ferais volontiers ce détour.

— Eh bien ! si vous allez à Pampelune, vous y verrez plus d'une chose qui vous intéressera... C'est une belle ville... Je vous donnerai cette médaille (il me montrait une petite médaille d'argent qu'il portait au cou), vous l'envelopperez dans du papier... il s'arrêta un instant pour maîtriser son émotion... et vous la remettrez ou vous la ferez remettre à une bonne femme dont je vous dirai l'adresse. — Vous direz que je suis mort, vous ne direz pas comment.

Je promis d'exécuter sa commission. Je le revis le lendemain, et je passai une partie de la journée avec lui. C'est de sa bouche que j'ai appris les tristes aventures qu'on va lire.

III

Je suis né, dit-il, à Élizondo, dans la vallée de Baztan. Je m'appelle don José Lizarrabengoa, et vous connaissez assez l'Espagne, Monsieur, pour que mon nom vous dise aussitôt que je suis Basque et vieux chrétien. Si je prends le *don*, c'est que j'en ai le droit, et si j'étais à Élizondo, je vous montrerais ma généalogie sur parchemin. On voulait que je fusse d'église, et l'on me fit étudier, mais je ne profitais guère. J'aimais trop à jouer à la paume, c'est ce qui m'a perdu. Quand nous jouons à la paume, nous autres Navarrais, nous oublions tout. Un jour que j'avais gagné, un gars de l'Alava me chercha querelle; nous prîmes nos *maquilas* (1), et j'eus encore l'avantage; mais cela m'obligea de quitter le pays. Je rencontrai des dragons, et je m'engageai dans le régiment d'Almanza, cavalerie. Les gens de nos mon-

(1) Bâtons ferrés des Basques.

tagnes apprennent vite le métier militaire. Je devins bientôt brigadier, et on me promettait de me faire maréchal des logis, quand, pour mon malheur, on me mit de garde à la manufacture de tabacs à Séville. Si vous êtes allé à Séville, vous aurez vu ce grand bâtiment-là, hors des remparts, près du Guadalquivir. Il me semble en voir encore la porte et le corps de garde auprès. Quand ils sont de service, les Espagnols jouent aux cartes, ou dorment; moi, comme un franc Navarrais, je tâchais toujours de m'occuper. Je faisais une chaîne avec du fil de laiton, pour tenir mon épinglette. Tout d'un coup, les camarades disent : Voilà la cloche qui sonne; les filles vont rentrer à l'ouvrage. Vous saurez, monsieur, qu'il y a bien quatre à cinq cents femmes occupées dans la manufacture. Ce sont elles qui roulent les cigares dans une grande salle, où les hommes n'entrent pas sans une permission du *Vingt-quatre* (1), parce qu'elles se mettent à leur aise, les jeunes surtout, quand il fait chaud. A l'heure où les ouvrières rentrent, après leur dîner, bien des jeunes gens vont les voir passer, et leur en content de toutes les couleurs. Il y a peu de ces demoiselles qui refusent une mantille de taffetas, et les

(1) Magistrat chargé de la police et de l'administration municipale.

amateurs, à cette pêche-là, n'ont qu'à se baisser pour prendre le poisson. Pendant que les autres regardaient, moi, je restais sur mon banc, près de la porte. J'étais jeune alors; je pensais toujours au pays, et je ne croyais pas qu'il y eût de jolies filles sans jupes bleues et sans nattes tombant sur les épaules (1). D'ailleurs, les Andalouses me faisaient peur; je n'étais pas encore fait à leurs manières: toujours à railler, jamais un mot de raison. J'étais donc le nez sur ma chaîne, quand j'entends des bourgeois qui disaient: Voilà la gitanilla! Je levai les yeux, et je la vis. C'était un vendredi, et je ne l'oublierai jamais. Je vis cette Carmen que vous connaissez, chez qui je vous ai rencontré il y a quelques mois.

Elle avait un jupon rouge fort court qui laissait voir des bas de soie blancs avec plus d'un trou, et des souliers mignons de maroquin rouge attachés avec des rubans couleur de feu. Elle écartait sa mantille afin de montrer ses épaules et un gros bouquet de cassie qui sortait de sa chemise. Elle avait encore une fleur de cassie dans le coin de la bouche, et elle s'avançait en se balançant sur ses hanches comme une pouliche du ha-

(1) Costume ordinaire des paysannes de la Navarre et des provinces basques.

ras de Cordoue. Dans mon pays, une femme en ce costume aurait obligé le monde à se signer. A Séville, chacun lui adressait quelque compliment gaillard sur sa tournure; elle répondait à chacun, faisant les yeux en coulisse, le poing sur la hanche, effrontée comme une vraie bohémienne qu'elle était. D'abord elle ne me plut pas, et je repris mon ouvrage; mais elle, suivant l'usage des femmes et des chats qui ne viennent pas quand on les appelle et qui viennent quand on ne les appelle pas, s'arrêta devant moi et m'adressa la parole : — Compère, me dit-elle à la façon andalouse, veux-tu me donner ta chaîne pour tenir les clefs de mon coffre-fort?

— C'est pour attacher mon épinglette, lui répondis-je.

— Ton épinglette! s'écria-t-elle en riant. Ah! monsieur fait de la dentelle, puisqu'il a besoin d'épingles! Tout le monde qui était là se mit à rire, et moi je me sentais rougir, et je ne pouvais trouver rien à lui répondre. — Allons, mon cœur, reprit-elle, fais-moi sept aunes de dentelle noire pour une mantille, épinglier de mon âme! — Et prenant la fleur de cassie qu'elle avait à la bouche, elle me la lança, d'un mouvement du pouce, juste entre les deux yeux. Monsieur, cela me fit l'effet d'une balle qui m'arrivait... Je ne savais où me fourrer, je demeurais immobile comme une planche. Quand elle fut entrée dans la manufacture, je vis la fleur de cassie qui était tombée à terre entre mes pieds ; je ne sais ce qui me prit, mais je la ramassai sans que mes camarades s'en aperçussent et je la mis précieusement dans ma veste. Première sottise !

Deux ou trois heures après, j'y pensais encore, quand arrive dans le corps de garde un portier tout haletant, la figure renversée. Il nous dit que dans la grande salle des cigares il y avait une femme assassinée, et qu'il fallait y envoyer la garde. Le maréchal me dit de prendre deux hommes et d'y aller voir. Je prends mes hommes et je monte. Figurez-vous, monsieur, qu'entré dans la salle je trouve d'abord trois cents femmes en chemise, ou peu s'en faut, toutes criant, hurlant, gesticulant, faisant un vacarme à ne pas entendre Dieu tonner. D'un côté, il y en avait une, les quatre fers en l'air, couverte de sang, avec un X sur la figure qu'on venait de lui marquer en deux coups de couteau. En face de la blessée, que secouraient les meilleures de la bande, je vois Carmen tenue par cinq ou six commères. La femme blessée criait : Confession ! confession ! je suis morte ! Carmen ne disait rien ; elle serrait les dents, et roulait des yeux comme un caméléon. — Qu'est-ce que c'est? demandai-je. J'eus grand'peine à savoir ce qui s'était passé, car toutes les ouvrières me parlaient à la fois. Il paraît que la femme blessée s'était vantée d'avoir assez d'argent en poche pour acheter un âne au marché de Triana. — Tiens, dit Carmen qui avait une langue, tu n'as donc pas assez d'un balai? — L'autre, blessée du reproche, peut-être parce qu'elle se sentait véreuse sur l'article, lui répond qu'elle ne se connaissait pas en balais, n'ayant pas l'honneur d'être bohémienne ni filleule de Satan, mais que mademoiselle Carmencita ferait bientôt connaissance avec son âne, quand M. le corrégidor la mènerait à la promenade avec deux laquais par derrière pour l'émoucher. — Eh bien, moi, dit Carmen, je te ferai des abreuvoirs à mouches sur la joue, et je veux y peindre un damier (1). — Là-dessus, vli-vlan! elle commence, avec le couteau dont elle coupait le bout des cigares, à lui dessiner des croix de Saint-André sur la figure.

Le cas était clair; je pris Carmen par le bras: — Ma sœur, lui dis-je poliment, il faut me suivre. — Elle me lança un regard comme si elle me reconnaissait; mais

(1) *Pintar un jareque*, peindre un chebec. Les chebecs espagnols ont, pour la plupart, leur bande peinte à carreaux rouges et blancs.

elle dit d'un air résigné : — Marchons. Où est ma mantille ? — Elle la mit sur sa tête de façon à ne montrer qu'un seul de ses grands yeux, et suivit mes deux hommes, douce comme un mouton. Arrivés au corps de garde, le maréchal des logis dit que c'était grave, et qu'il fallait la mener à la prison. C'était encore moi qui devais la conduire. Je la mis entre deux dragons, et je marchais derrière comme un brigadier doit faire en semblable rencontre. Nous nous mîmes en route pour la ville. D'abord la bohémienne avait gardé le silence ; mais dans la rue du Serpent, — vous la connaissez, elle mérite bien son nom par les détours qu'elle fait, — dans la rue du Serpent, elle commence par laisser tomber sa mantille sur ses épaules, afin de me montrer son minois enjôleur, et, se tournant vers moi autant qu'elle pouvait, elle me dit :

— Mon officier, où me menez-vous ?

— A la prison, ma pauvre enfant, lui répondis-je le plus doucement que je pus, comme un bon soldat doit parler à un prisonnier, surtout à une femme.

— Hélas ! que deviendrai-je ? Seigneur officier, ayez pitié de moi. Vous êtes si jeune, si gentil !... Puis, d'un ton plus bas : Laissez-moi m'échapper, dit-elle, je vous donnerai un morceau de la *bar lachi*, qui vous fera aimer de toutes les femmes.

La *bar lachi*, monsieur, c'est la pierre d'aimant, avec laquelle les bohémiens prétendent qu'on fait quantité de sortilèges quand on sait s'en servir. Faites-en boire à une femme une pincée râpée dans un verre de vin blanc, elle ne résiste plus. Moi, je lui répondis le plus sérieusement que je pus :

— Nous ne sommes pas ici pour dire des balivernes ; il faut aller à la prison, c'est la consigne, et il n'y a pas de remède.

Nous autres gens du pays basque, nous avons un accent qui nous fait reconnaître facilement des Espagnols ; en revanche, il n'y en a pas un qui puisse seulement apprendre à dire *baï, jaona* (1). Carmen donc n'eut pas de peine à deviner que je venais des provinces. Vous saurez que les bohémiens, monsieur, comme n'étant d'aucun pays, voyageant toujours, parlent toutes les langues, et la plupart sont chez eux en Portugal, en France, dans les provinces, en Catalogne, partout ; même avec les Maures et les Anglais, ils se font entendre. Carmen savait assez bien le basque. — *Laguna*,

---

(1) Oui, monsieur.

ene *bihotsarena*, camarade de mon cœur, me dit-elle tout à coup, êtes-vous du pays?

Notre langue, monsieur, est si belle, que, lorsque nous l'entendons en pays étranger, cela nous fait tressaillir... « Je voudrais avoir un confesseur des provinces, » ajouta plus bas le bandit. Il reprit après un silence :

— Je suis d'Elizondo, lui répondis-je en basque, fort ému de l'entendre parler ma langue.

— Moi, je suis d'Etchalar, dit-elle. — C'est un pays à quatre heures de chez nous. — J'ai été emmenée par des bohémiens à Séville. Je travaillais à la manufacture pour gagner de quoi retourner en Navarre, près de ma pauvre mère qui n'a que moi pour soutien, et un petit *barratcea* (1) avec vingt pommiers à cidre. Ah! si j'étais au pays, devant la montagne blanche! On m'a insultée parce que je ne suis pas de ce pays de filous, marchands d'oranges pourries; et ces gueuses se sont mises toutes contre moi, parce que je leur ai dit que tous leurs *jacques* (2) de Séville, avec leurs couteaux, ne feraient pas peur à un gars de chez nous avec son béret bleu et son *maquila*. Camarade, mon ami, ne ferez-vous rien pour une payse?

(1) Enclos, jardin.
(2) Braves, fanfarons.

Elle mentait, monsieur, elle a toujours menti. Je ne sais pas si dans sa vie cette fille-là a jamais dit un mot de vérité; mais, quand elle parlait, je la croyais : c'était plus fort que moi. Elle estropiait le basque, et je la crus Navarraise; ses yeux seuls et sa bouche et son teint la disaient bohémienne. J'étais fou, je ne faisais plus attention à rien. Je pensais que, si des Espagnols s'étaient avisés de mal parler du pays, je leur aurais coupé la figure, tout comme elle venait de faire à sa camarade. Bref, j'étais comme un homme ivre; je commençais à dire des bêtises, j'étais tout près d'en faire.

— Si je vous poussais, et si vous tombiez, mon pays, reprit-elle en basque, ce ne seraient pas ces deux conscrits de Castillans qui me retiendraient...

Ma foi, j'oubliai la consigne et tout, et je lui dis :

— Eh bien, m'amie, ma payse, essayez, et que Notre-Dame de la Montagne vous soit en aide! — En ce moment, nous passions devant une de ces ruelles étroites comme il y en a tant à Séville. Tout à coup Carmen se retourne et me lance un coup de poing dans la poitrine. Je me laissai tomber exprès à la renverse. D'un bond, elle saute par-dessus moi et se met à courir en nous montrant une paire de jambes!... On dit jambes de Basque : les siennes en valaient bien d'autres... aussi vites que bien tournées. Moi, je me relève aussitôt; mais je mets ma lance (1) en travers, de façon à barrer la rue, si bien que, de prime abord, les camarades furent arrêtés au moment de la poursuivre. Puis je me mis moi-même à courir, et eux après moi; mais l'atteindre! il n'y avait pas de risque, avec nos éperons, nos sabres et nos lances! En moins de temps que je n'en mets à vous le dire, la prisonnière avait disparu. D'ailleurs, toutes les commères du quartier favorisaient sa fuite, et se moquaient de nous, et nous indiquaient la fausse voie. Après plusieurs marches et contre-marches, il fallut nous en revenir au corps de garde sans un reçu du gouverneur de la prison.

Mes hommes, pour n'être pas punis, dirent que Carmen m'avait parlé basque; et il ne paraissait pas trop naturel, pour dire la vérité, qu'un coup de poing d'une tant petite fille eût terrassé si facilement un gaillard de ma force. Tout cela parut louche, ou plutôt trop clair. En descendant la garde, je fus dégradé et envoyé pour un mois à la prison. C'était ma première punition depuis que j'étais au service. Adieu les galons de maréchal des logis que je croyais déjà tenir!

Mes premiers jours de prison se passèrent fort triste-

(1) Toute la cavalerie espagnole est armée de lances.

ment. En me faisant soldat, je m'étais figuré que je deviendrais tout au moins officier. Longa, Mina, mes compatriotes, sont bien capitaines généraux; Chapalangarra, qui est un négro comme Mina, et réfugié comme lui dans votre pays, Chapalangarra était colonel, et j'ai joué à la paume vingt fois avec son frère, qui était un pauvre diable comme moi. Maintenant je me disais: Tout le temps que tu as servi sans punition, c'est du temps perdu. Te voilà mal noté ; pour te remettre bien dans l'esprit des chefs, il te faudra travailler dix fois plus que lorsque tu es venu comme conscrit ! Et pourquoi me suis-je fait punir ? Pour une coquine de bohémienne qui s'est moquée de moi, et qui, dans ce moment, est à voler dans quelque coin de la ville. Pourtant je ne pouvais m'empêcher de penser à elle. Le croiriez-vous, monsieur ? ses bas de soie troués qu'elle me faisait voir tout en plein en s'enfuyant, je les avais toujours devant les yeux. Je regardais par les barreaux de la prison dans la rue, et, parmi toutes les femmes qui passaient, je n'en voyais pas une seule qui valût cette diable de fille-là. Et puis, malgré moi, je sentais la fleur de cassie qu'elle m'avait jetée, et qui, sèche, gardait toujours sa bonne odeur... S'il y a des sorcières, cette fille-là en était une !

Un jour, le geôlier entre, et me donne un pain d'Alcalà (1). — Tenez, dit-il, voilà ce que votre cousine vous envoie. Je pris le pain, fort étonné, car je n'avais pas de cousine à Séville. C'est peut-être une erreur, pensai-je en regardant le pain; mais il était si appétissant, il sentait si bon, que, sans m'inquiéter de savoir d'où il venait et à qui il était destiné, je résolus de le manger. En voulant le couper, mon couteau rencontra quelque chose de dur. Je regarde, et je trouve une petite lime anglaise qu'on avait glissée dans la pâte avant que le pain fût cuit. Il y avait encore dans le pain une pièce d'or de deux piastres. Plus de doute alors, c'était un cadeau de Carmen. Pour les gens de sa race, la liberté est tout, et ils mettraient le feu à une ville pour s'épargner un jour de prison. D'ailleurs, la commère était fine, et avec ce pain-là on se moquait des geôliers. En une heure, le plus gros barreau était scié avec la petite lime; et avec la pièce de deux piastres, chez le premier fripier, je changeais ma capote d'uniforme pour un habit bourgeois. Vous pensez bien qu'un homme qui avait déniché maintes fois des aiglons dans nos ro-

(1) Alcalà de los Panaderos, bourg à deux lieues de Séville, où l'on fait des petits pains délicieux. On prétend que c'est à l'eau d'Alcalà qu'ils doivent leur qualité et l'on en apporte tous les jours une grande quantité à Séville.

chers ne s'embarrassait guère de descendre dans la rue, d'une fenêtre haute de moins de trente pieds; mais je ne voulais pas m'échapper. J'avais encore mon honneur de soldat, et déserter me semblait un grand crime. Seulement, je fus touché de cette marque de souvenir. Quand on est en prison, on aime à penser qu'on a dehors un ami qui s'intéresse à vous. La pièce d'or m'offusquait un peu, j'aurais bien voulu la rendre; mais où trouver mon créancier? cela ne me semblait pas facile.

Après la cérémonie de la dégradation, je croyais n'avoir plus rien à souffrir; mais il me restait encore une humiliation à dévorer : ce fut à ma sortie de prison, lorsqu'on me commanda de service et qu'on me mit en faction comme un simple soldat. Vous ne pouvez vous figurer ce qu'un homme de cœur éprouve en pareille occasion. Je crois que j'aurais aimé autant à être fusillé. Au moins on marche seul, en avant de son peloton; on se sent quelque chose; le monde vous regarde.

Je fus mis en faction à la porte du colonel. C'était un jeune homme riche, bon enfant, qui aimait à s'amuser. Tous les jeunes officiers étaient chez lui, et force bourgeois, des femmes aussi, des actrices, à ce qu'on disait. Pour moi, il me semblait que toute la ville s'était donné rendez-vous à sa porte pour me regarder. Voilà qu'arrive la voiture du colonel, avec son valet de chambre sur le siége. Qu'est-ce que je vois descendre?... la gitanilla. Elle était parée, cette fois, comme une châsse, pomponnée, attifée, tout or et tout rubans. Une robe à paillettes, des souliers bleus à paillettes aussi, des fleurs et des galons partout. Elle avait un tambour de basque à la main. Avec elle il y avait deux autres bohémiennes, une jeune et une vieille. Il y a toujours une vieille pour les mener; puis un vieux avec une guitare, bohémien aussi, pour jouer et les faire danser. Vous savez qu'on s'amuse souvent à faire venir des bohémiennes dans les sociétés, afin de leur faire danser la *romalis*, c'est leur danse, et souvent bien autre chose.

Carmen me reconnut, et nous échangeâmes un regard. Je ne sais, mais, en ce moment, j'aurais voulu être à cent pieds sous terre. —*Agur laguna* (1), dit-elle. Mon officier, tu montes la garde comme un conscrit! Et, avant que j'eusse trouvé un mot à répondre, elle était dans la maison.

Toute la société était dans le patio, et, malgré la foule, je voyais à peu près tout ce qui se passait à travers la grille (2). J'entendais les castagnettes, le tam-

(1) Bonjour, camarade.
(2) La plupart des maisons de Séville ont une cour intérieure

bour, les rires et les bravos ; parfois j'apercevais sa tête quand elle sautait avec son tambour. Puis j'entendais encore des officiers qui lui disaient bien des choses qui me faisaient monter le rouge à la figure. Ce qu'elle répondait, je n'en savais rien. C'est de ce jour-là, je pense, que je me mis à l'aimer pour tout de bon ; car l'idée me vint trois ou quatre fois d'entrer dans le patio, et de donner de mon sabre dans le ventre à tous ces freluquets qui lui contaient fleurettes. Mon supplice dura une bonne heure ; puis les bohémiens sortirent, et la voiture les ramena. Carmen, en passant, me regarda encore avec les yeux que vous savez, et me dit très-bas : — Pays, quand on aime la bonne friture, on en va manger à Triana, chez Lillas Pastia. Légère comme un cabri, elle s'élança dans la voiture, le cocher fouetta ses mules, et toute la bande joyeuse s'en alla je ne sais où.

Vous devinez bien qu'en descendant ma garde j'allai à Triana ; mais d'abord je me fis raser et je me brossai comme pour un jour de parade. Elle était chez Lillas Pastia, un vieux marchand de friture, bohémien, noir

---

entourée de portiques. On s'y tient en été. Cette cour est couverte d'une toile qu'on arrose pendant le jour et qu'on retire le soir. La porte de la rue est presque toujours ouverte, et le passage qui conduit à la cour, *zaguan*, est fermé par une grille en fer très-élégamment ouvragée.

comme un Maure, chez qui beaucoup de bourgeois venaient manger du poisson frit, surtout, je crois, depuis que Carmen y avait pris ses quartiers.

— Lillas, dit-elle sitôt qu'elle me vit, je ne fais plus rien de la journée. Demain il fera jour (1)! Allons, pays, allons nous promener.

Elle mit sa mantille devant son nez, et nous voilà dans la rue, sans savoir où j'allais.

— Mademoiselle, lui dis-je, je crois que j'ai à vous remercier d'un présent que vous m'avez envoyé quand j'étais en prison. J'ai mangé le pain; la lime me servira pour affiler ma lance, et je la garde comme souvenir de vous; mais l'argent, le voilà.

— Tiens! il a gardé l'argent, s'écria-t-elle en éclatant de rire. Au reste, tant mieux, car je ne suis guère en fonds; mais qu'importe? chien qui chemine ne meurt pas de famine (2). Allons, mangeons tout. Tu me régales.

Nous avions repris le chemin de Séville. A l'entrée de la rue du Serpent, elle acheta une douzaine d'oranges, qu'elle me fit mettre dans mon mouchoir. Un peu plus

(1) *Mañana será otro día.* — Proverbe espagnol.
(2)   Chuquel sos pirela,
        Cocal terela.
Chien qui marche, os trouve. — Proverbe bohémien.

loin, elle acheta encore un pain, du saucisson, une bouteille de manzanilla ; puis enfin elle entra chez un confiseur. Là, elle jeta sur le comptoir la pièce d'or que je lui avais rendue, une autre encore qu'elle avait dans sa poche, avec quelque argent blanc ; enfin elle me demanda tout ce que j'avais. Je n'avais qu'une piécette et quelques cuartos, que je lui donnai, fort honteux de n'avoir pas davantage. Je crus qu'elle voulait emporter toute la boutique. Elle prit tout ce qu'il y avait de plus beau et de plus cher, *yemas* (1), *turon* (2), fruits confits, tant que l'argent dura. Tout cela, il fallut encore que je le portasse dans des sacs de papier. Vous connaissez peut-être la rue du Candilejo, où il y a une tête du roi don Pedro le Justicier (3). Elle aurait dû m'inspirer des ré-

(1) Jaunes d'œuf sucrés.
(2) Espèce de nougat.
(3) Le roi don Pèdre, que nous nommons *le Cruel*, et que la reine Isabelle la Catholique n'appelait jamais que *le Justicier*, aimait à se promener le soir dans les rues de Séville, cherchant les aventures, comme le calife Haroûn-al-Raschid. Certaine nuit, il se prit de querelle, dans une rue écartée, avec un homme qui donnait une sérénade. On se battit, et le roi tua le cavalier amoureux. Au bruit des épées, une vieille femme mit la tête à la fenêtre, et éclaira la scène avec la petite lampe, *candilejo*, qu'elle tenait à la main. Il faut savoir que le roi don Pèdre, d'ailleurs leste et vigoureux, avait un défaut de conformation singulier. Quand il marchait, ses rotules craquaient fortement. La vieille, à ce craquement, n'eut pas de peine à le reconnaître. Le lendemain, le Vingt-quatre en charge vint faire son rapport au roi. « Sire,

flexions. Nous nous arrêtâmes, dans cette rue-là, devant une vieille maison. Elle entra dans l'allée, et frappa au rez-de-chaussée. Une bohémienne, vraie servante de Satan, vint nous ouvrir. Carmen lui dit quelques mots en romani. La vieille grogna d'abord. Pour l'apaiser, Carmen lui donna deux oranges et une poignée de bonbons, et lui permit de goûter au vin. Puis elle lui mit sa mante sur le dos et la conduisit à la porte, qu'elle ferma avec la barre de bois. Dès que nous fûmes seuls, elle se mit à danser et à rire comme une folle, en chantant :
— Tu es mon *rom*, je suis ta *romi* (1). — Moi, j'étais au milieu de la chambre, chargé de toutes ses emplettes,

on s'est battu en duel, cette nuit, dans telle rue. Un des combattants est mort. — Avez-vous découvert le meurtrier ? — Oui, sire. — Pourquoi n'est-il pas déjà puni ? — Sire, j'attends vos ordres. — Exécutez la loi. » Or, le roi venait de publier un décret portant que tout duelliste serait décapité, et que sa tête demeurerait exposée sur le lieu du combat. Le Vingt-quatre se tira d'affaire en homme d'esprit. Il fit scier la tête d'une statue du roi, et l'exposa dans une niche au milieu de la rue, théâtre du meurtre. Le roi et tous les Sévillans le trouvèrent fort bon. La rue prit son nom de la lampe de la vieille, seul témoin de l'aventure. — Voilà la tradition populaire. Zuñiga raconte l'histoire un peu différemment. (Voir *Anales de Sevilla*, t. II, p. 136.) Quoi qu'il en soit, il existe encore à Séville une rue du Candilejo, et dans cette rue un buste de pierre qu'on dit être le portrait de don Pèdre. Malheureusement, ce buste est moderne. L'ancien était fort usé au xviie siècle, et la municipalité d'alors le fit remplacer par celui qu'on voit aujourd'hui.

(1) *Rom*, mari ; *romi*, femme.

ne sachant où les poser. Elle jeta tout par terre, et me sauta au cou, en me disant : — Je paye mes dettes, je paye mes dettes ! c'est la loi des Calés (1) ! — Ah! monsieur, cette journée-là ! cette journée-là !... quand j'y pense, j'oublie celle de demain.

Le bandit se tut un instant ; puis, après avoir rallumé son cigare, il reprit :

Nous passâmes ensemble toute la journée, mangeant, buvant, et le reste. Quand elle eut mangé des bonbons comme un enfant de six ans, elle en fourra des poignées dans la jarre d'eau de la vieille. — C'est pour lui faire du sorbet, disait-elle. Elle écrasait des yemas en les lançant contre la muraille. — C'est pour que les mouches nous laissent tranquilles, disait-elle... Il n'y a pas de tour ni de bêtise qu'elle ne fît. Je lui dis que je voudrais la voir danser ; mais où trouver des castagnettes ? Aussitôt elle prend la seule assiette de la vieille, la casse en morceaux, et la voilà qui danse la romalis en faisant claquer les morceaux de faïence aussi bien que si elle avait eu des castagnettes d'ébène ou d'ivoire. On ne s'ennuyait pas auprès de cette fille-là,

---

(1) *Calo* ; féminin, *calli* ; pluriel, *cales*. Mot à mot : *noir*, — nom que les bohémiens se donnent dans leur langue.

je vous en réponds. Le soir vint, et j'entendis les tambours qui battaient la retraite.

— Il faut que j'aille au quartier pour l'appel, lui dis-je.

— Au quartier? dit-elle d'un air de mépris; tu es donc un nègre, pour te laisser mener à la baguette? Tu es un vrai canari, d'habit et de caractère (1). Va, tu as un cœur de poulet. Je restai, résigné d'avance à la salle de police. Le matin, ce fut elle qui parla la première de nous séparer. — Écoute, Joseito, dit-elle; t'ai-je payé? D'après notre loi, je ne te devais rien, puisque tu es un *payllo;* mais tu es un joli garçon, et tu m'as plu. Nous sommes quittes. Bonjour.

Je lui demandai quand je la reverrais.

— Quand tu seras moins niais, répondit-elle en riant. Puis, d'un ton plus sérieux : Sais-tu, mon fils, que je crois que je t'aime un peu? Mais cela ne peut durer. Chien et loup ne font pas longtemps bon ménage. Peut-être que, si tu prenais la loi d'Égypte, j'aimerais à devenir ta romi. Mais, ce sont des bêtises: cela ne se peut pas. Bah! mon garçon, crois-moi, tu en es quitte à bon compte. Tu as rencontré le diable, oui, le diable;

---

(1) Les dragons espagnols sont habillés de jaune.

il n'est pas toujours noir, et il ne t'a pas tordu le cou. Je suis habillée de laine, mais je ne suis pas mouton (1). Va mettre un cierge devant ta *majari* (2); elle l'a bien gagné. Allons, adieu encore une fois. Ne pense plus à Carmencita, ou elle te ferait épouser une veuve à jambes de bois (3).

En parlant ainsi, elle défaisait la barre qui fermait la porte, et une fois dans la rue elle s'enveloppa dans sa mantille et me tourna les talons.

Elle disait vrai. J'aurais été sage de ne plus penser à elle; mais, depuis cette journée dans la rue du Candilejo, je ne pouvais plus songer à autre chose. Je me promenais tout le jour, espérant la rencontrer. J'en demandais des nouvelles à la vieille et au marchand de friture. L'un et l'autre répondaient qu'elle était partie pour Laloro (4), c'est ainsi qu'ils appellent le Portugal. Probablement c'était d'après les instructions de Carmen qu'ils parlaient de la sorte, mais je ne tardai pas à savoir qu'ils mentaient. Quelques semaines après ma journée de la rue du Candilejo, je fus de faction à une des

(1) Me dicas vriardà de jorpoy, bus ne sino braco. — Proverbe bohémien.
(2) La sainte, — la sainte Vierge.
(3) La potence, qui est veuve du dernier pendu.
(4) La (terre) rouge.

portes de la ville. A peu de distance de cette porte, il y avait une brèche qui s'était faite dans le mur d'enceinte; on y travaillait pendant le jour, et la nuit on y mettait un factionnaire pour empêcher les fraudeurs. Pendant le jour, je vis Lillas Pastia passer et repasser autour du corps de garde, et causer avec quelques-uns de mes camarades; tous le connaissaient, et ses poissons et ses beignets encore mieux. Il s'approcha de moi et me demanda si j'avais des nouvelles de Carmen.

— Non, lui dis-je.

— Eh bien, vous en aurez, compère.

Il ne se trompait pas. La nuit, je fus mis de faction à la brèche. Dès que le brigadier se fut retiré, je vis venir à moi une femme. Le cœur me disait que c'était Carmen. Cependant je criai : Au large! on ne passe pas !

— Ne faites donc pas le méchant, me dit-elle en se faisant connaître à moi.

— Quoi! vous voilà, Carmen !

— Oui, mon pays. Parlons peu, parlons bien. Veux-tu gagner un douro? Il va venir des gens avec des paquets; laisse-les faire.

— Non, répondis-je. Je dois les empêcher de passer; c'est la consigne.

— La consigne! la consigne! Tu n'y pensais pas rue du Candilejo.

— Ah! répondis-je, tout bouleversé par ce seul souvenir, cela valait bien la peine d'oublier la consigne; mais je ne veux pas de l'argent des contrebandiers.

— Voyons, si tu ne veux pas d'argent, veux-tu que nous allions encore dîner chez la vieille Dorothée?

— Non! dis-je à moitié étranglé par l'effort que je faisais. Je ne puis pas.

— Fort bien. Si tu es si difficile, je sais à qui m'adresser. J'offrirai à ton officier d'aller chez Dorothée. Il a l'air d'un bon enfant, et il fera mettre en sentinelle un gaillard qui ne verra que ce qu'il faudra voir. Adieu, canari. Je rirai bien le jour où la consigne sera de te pendre.

J'eus la faiblesse de la rappeler, et je promis de laisser passer toute la bohème, s'il le fallait, pourvu que j'obtinsse la seule récompense que je désirais. Elle me jura aussitôt de me tenir parole dès le lendemain, et courut prévenir ses amis, qui étaient à deux pas. Il y en avait cinq, dont était Pastia, tous bien chargés de marchandises anglaises. Carmen faisait le guet. Elle devait avertir avec ses castagnettes dès qu'elle apercevrait la ronde, mais elle n'en eut pas besoin. Les fraudeurs firent leur affaire en un instant.

Le lendemain, j'allai rue du Candilejo. Carmen se fit attendre, et vint d'assez mauvaise humeur. — Je n'aime pas les gens qui se font prier, dit-elle. Tu m'as rendu un plus grand service la première fois, sans savoir si tu y gagnerais quelque chose. Hier, tu as marchandé avec moi. Je ne sais pas pourquoi je suis venue, car je ne t'aime plus. Tiens, va-t'en, voilà un douro pour ta peine. — Peu s'en fallut que je ne lui jetasse la pièce à la tête, et je fus obligé de faire un effort violent sur moi-même pour ne pas la battre. Après nous être disputés pendant une heure, je sortis furieux. J'errai quelque temps par la ville, marchant deçà et delà comme un fou; enfin j'entrai dans une église, et, m'étant mis dans le coin le plus obscur, je pleurai à chaudes larmes. Tout d'un coup j'entends une voix : — Larmes de dragon! j'en veux faire un philtre. — Je lève les yeux, c'était Carmen en face de moi. — Eh bien, mon pays, m'en voulez-vous encore? me dit-elle. Il faut bien que je vous aime, malgré que j'en aie, car, depuis que vous m'avez quittée, je ne sais ce que j'ai. Voyons, maintenant c'est moi qui te demande si tu veux venir rue du Candilejo. — Nous fîmes donc la paix; mais Carmen avait l'humeur comme est le temps chez nous. Jamais l'orage n'est si près dans nos montagnes que lorsque le soleil est le plus brillant. Elle m'avait promis de me revoir une autre fois chez Dorothée, et elle ne vint pas. Et Dorothée me dit de plus belle qu'elle était allée à Laloro pour les affaires d'Égypte.

Sachant déjà par expérience à quoi m'en tenir là-dessus, je cherchais Carmen partout où je croyais qu'elle pouvait être, et je passais vingt fois par jour dans la rue du Candilejo. Un soir, j'étais chez Dorothée, que j'avais presque apprivoisée en lui payant de temps à autre quelque verre d'anisette, lorsque Carmen entra suivie d'un jeune homme, lieutenant dans notre régiment. — Va-t'en, vite me dit-elle en basque. — Je restai stupéfait, la rage dans le cœur. — Qu'est-ce que tu fais ici ? me dit le lieutenant. Décampe, hors d'ici ! — Je ne pouvais faire un pas ; j'étais comme perclus. L'officier, en colère, voyant que je ne me retirais pas, et que je n'avais pas même ôté mon bonnet de police, me prit au collet et me secoua rudement. Je ne sais ce que je lui dis. Il tira son épée, et je dégainai. La vieille me saisit le bras, et le lieutenant me donna un coup au front, dont je porte encore la marque. Je reculai, et d'un coup de coude je jetai Dorothée à la renverse ; puis, comme le lieutenant me poursuivait, je lui mis la pointe au corps, et il s'enferra. Carmen alors éteignit la lampe, et dit dans sa langue à Dorothée de s'enfuir. Moi-même je me sauvai dans la rue, et me mis à courir sans savoir où. Il me semblait que quelqu'un me suivait. Quand je revins à moi, je trouvai que Carmen ne m'avait pas quitté. — Grand niais de canari ! me dit-elle, tu ne sais faire que des bêtises. Aussi bien, je te l'ai dit que je te porterais malheur. Allons, il y a remède à tout, quand on a pour bonne amie une Flamande de Rome (1). Commence par mettre ce mouchoir sur ta tête, et jette-moi ce ceinturon. Attends-moi dans cette allée. Je reviens dans deux minutes. — Elle disparut, et me rapporta bientôt une mante rayée qu'elle était allée chercher je ne sais où. Elle me fit quitter mon uniforme, et mettre la mante par-dessus ma chemise. Ainsi accoutré, avec le mouchoir dont elle avait bandé la plaie que j'avais à la tête, je ressemblais assez à un paysan valencien, comme il y en a à Séville, qui viennent vendre leur orgeat de *chufas* (2). Puis elle me mena dans une mai-

(1) *Flamenca de Roma*. Terme d'argot qui désigne les bohémiennes. *Roma* ne veut pas dire ici la ville éternelle, mais la nation des Romi ou des *gens mariés*, nom que se donnent les bohémiens. Les premiers qu'on vit en Espagne venaient probablement des Pays-Bas, d'où est venu leur nom de *Flamands*.

(2) Racine bulbeuse dont on fait une boisson assez agréable.

son assez semblable à celle de Dorothée, au fond d'une petite ruelle. Elle et une autre bohémienne me lavèrent, me pansèrent mieux que n'eût pu le faire un chirurgien-major, me firent boire je ne sais quoi ; enfin, on me mit sur un matelas, et je m'endormis.

Probablement ces femmes avaient mêlé dans ma boisson quelques-unes de ces drogues assoupissantes dont elles ont le secret, car je ne m'éveillai que fort tard le lendemain. J'avais un grand mal de tête et un peu de fièvre. Il fallut quelque temps pour que le souvenir me revînt de la terrible scène où j'avais pris part la veille. Après avoir pansé ma plaie, Carmen et son amie, accroupies toutes les deux sur les talons auprès de mon matelas, échangèrent quelques mots en *chipe calli*, qui paraissaient être une consultation médicale. Puis toutes les deux m'assurèrent que je serais guéri avant peu, mais qu'il fallait quitter Séville le plus tôt possible ; car, si l'on m'y attrapait, j'y serais fusillé sans rémission. — Mon garçon, me dit Carmen, il faut que tu fasses quelque chose ; maintenant que le roi ne te donne plus ni riz ni merluche (1), il faut que tu songes à gagner ta vie. Tu es trop bête pour voler à

(1) Nourriture ordinaire du soldat espagnol.

pastesas (1); mais tu es leste et fort : si tu as du cœur, va-t'en à la côte, et fais-toi contrebandier. Ne t'ai-je pas promis de te faire pendre? Cela vaut mieux que d'être fusillé. D'ailleurs, si tu sais t'y prendre, tu vivras comme un prince, aussi longtemps que les miñons (2) et les gardes-côtes ne te mettront pas la main sur le collet.

Ce fut de cette façon engageante que cette diable de fille me montra la nouvelle carrière qu'elle me destinait, la seule, à vrai dire, qui me restât, maintenant que j'avais encouru la peine de mort. Vous le dirai-je, monsieur? elle me détermina sans beaucoup de peine. Il me semblait que je m'unissais à elle plus intimement par cette vie de hasards et de rébellion. Désormais je crus m'assurer son amour. J'avais entendu souvent parler de quelques contrebandiers qui parcouraient l'Andalousie, montés sur un bon cheval, l'espingole au poing, leur maîtresse en croupe. Je me voyais déjà trottant par monts et par vaux avec la gentille bohémienne derrière moi. Quand je lui parlais de cela, elle riait à se tenir les côtés, et me disait qu'il n'y a rien de si beau qu'une nuit passée au bivouac, lorsque chaque rom se retire avec sa romi sous sa petite tente formée

---

(1) *Ustilar à pastesas*, voler avec adresse, dérober sans violence.
(2) Espèce de corps franc.

de trois cerceaux, avec une couverture par-dessus.

— Si je tiens jamais dans la montagne, lui disais-je, je serai sûr de toi! Là, il n'y a pas de lieutenant pour partager avec moi.

— Ah! tu es jaloux, répondait-elle. Tant pis pour toi. Comment es-tu assez bête pour cela? Ne vois-tu pas que je t'aime, puisque je ne t'ai jamais demandé d'argent?

Lorsqu'elle parlait ainsi, j'avais envie de l'étrangler.

Pour le faire court, monsieur, Carmen me procura un habit bourgeois, avec lequel je sortis de Séville sans être reconnu. J'allai à Jerez avec une lettre de Pastia pour un marchand d'anisette chez qui se réunissaient des contrebandiers. On me présenta à ces gens-là, dont le chef, surnommé le Dancaïre, me reçut dans sa troupe. Nous partîmes pour Gaucin, où je retrouvai Carmen, qui m'y avait donné rendez-vous. Dans les expéditions, elle servait d'espion à nos gens, et de meilleur il n'y en eut jamais. Elle revenait de Gibraltar, et déjà elle avait arrangé avec un patron de navire l'embarquement de marchandises anglaises que nous devions recevoir sur la côte. Nous allâmes les attendre près d'Estepona, puis nous en cachâmes une partie dans la montagne; chargés du reste, nous nous rendîmes à Ronda. Carmen nous y avait précédés. Ce fut elle encore qui nous indiqua le moment où nous entrerions en ville. Ce premier voyage et quelques autres après furent heureux. La vie de contrebandier me plaisait mieux que la vie de soldat ; je faisais des cadeaux à Carmen. J'avais de l'argent et une maîtresse. Je n'avais guère de remords, car, comme disent les bohémiens : Galo avec plaisir ne démange pas (1). Partout nous étions bien reçus ; mes compagnons me traitaient bien, et même me témoignaient de la considération. La raison, c'était que j'avais tué un homme, et parmi eux il y en avait qui n'avaient pas un pareil exploit sur la conscience. Mais ce qui me touchait davantage dans ma nouvelle vie, c'est que je voyais souvent Carmen. Elle me montrait plus d'amitié que jamais ; cependant, devant les camarades, elle ne convenait pas qu'elle était ma maîtresse ; et même, elle m'avait fait jurer par toutes sortes de serments de ne rien leur dire sur son compte. J'étais si faible devant cette créature, que j'obéissais à tous ses caprices. D'ailleurs, c'était la première fois qu'elle se montrait à moi avec la réserve d'une honnête femme, et j'étais assez simple pour

---

(1) Sarapia sat pesquital ne punzava.

croire qu'elle s'était véritablement corrigée de ses façons d'autrefois.

Notre troupe, qui se composait de huit ou dix hommes, ne se réunissait guère que dans les moments décisifs, et d'ordinaire nous étions dispersés deux à deux, trois à trois, dans les villes et les villages. Chacun de nous prétendait avoir un métier : celui-ci était chaudronnier, celui-là maquignon; moi, j'étais marchand de merceries, mais je ne me montrais guère dans les gros endroits, à cause de ma mauvaise affaire de Séville. Un jour, ou plutôt une nuit, notre rendez-vous était au bas de Véger. Le Dancaïre et moi nous nous y trouvâmes avant les autres. Il paraissait fort gai. — Nous allons avoir un camarade de plus, me dit-il. Carmen vient de faire un de ses meilleurs tours. Elle vient de faire échapper son rom qui était au presidio à Tarifa. — Je commençais déjà à comprendre le bohémien, que parlaient presque tous mes camarades, et ce mot de rom me causa un saisissement. — Comment! son mari! elle est donc mariée? demandai-je au capitaine.

— Oui, répondit-il, à Garcia le Borgne, un bohémien aussi fûté qu'elle. Le pauvre garçon était aux galères. Carmen a si bien embobeliné le chirurgien du presidio, qu'elle en a obtenu la liberté de son rom. Ah! cette fille-là vaut son pesant d'or. Il y a deux ans qu'elle cherche à le faire évader. Rien n'a réussi, jusqu'à ce qu'on s'est avisé de changer le major. Avec celui-ci, il paraît qu'elle a trouvé bien vite le moyen de s'entendre. — Vous vous imaginez le plaisir que me fit cette nouvelle. Je vis bientôt Garcia le Borgne; c'était bien le plus vilain monstre que la bohême ait nourri : noir de peau et plus noir d'âme, c'était le plus franc scélérat que j'aie rencontré dans ma vie. Carmen vint avec lui ; et, lorsqu'elle l'appelait son rom devant moi, il fallait voir les yeux qu'elle me faisait, et ses grimaces quand Garcia tournait la tête. J'étais indigné, et je ne lui parlais pas de la nuit. Le matin nous avions fait nos ballots, et nous étions déjà en route, quand nous nous aperçumes qu'une douzaine de cavaliers étaient à nos trousses. Les fanfarons Andalous, qui ne parlaient que de tout massacrer, firent aussitôt piteuse mine. Ce fut un sauve qui peut général. Le Dancaïre, Garcia, un joli garçon d'Ecija, qui s'appelait le Remendado, et Carmen ne perdirent pas la tête. Le reste avait abandonné les mulets, et s'était jeté dans les ravins où les chevaux ne pouvaient les suivre. Nous ne pouvions conserver nos bêtes, et nous nous hâtâmes de défaire le meilleur de notre butin, et de le charger sur nos épaules, puis nous essayâmes de nous sauver au travers des rochers par les pentes les plus roides. Nous jetions nos ballots devant nous, et nous les suivions de notre mieux en glissant sur les talons. Pendant ce temps-là, l'ennemi nous canardait; c'était la première fois que j'entendais siffler les balles, et cela ne me fit pas grand'chose. Quand on est en vue d'une femme, il n'y a pas de mérite à se moquer de la mort. Nous nous échappâmes, excepté le pauvre Remendado, qui reçut un coup de feu dans les reins. Je jetai mon paquet, et j'essayai de le prendre. — Imbécile! me cria Garcia, qu'avons-nous affaire d'une charogne? achève-le et ne perds pas les bas de coton. — Jette-le, jette-le! me criait Carmen. — La fatigue m'obligea de le déposer un moment à l'abri d'un rocher. Garcia s'avança, et lui lâcha son espingole dans la tête. — Bien habile qui le reconnaîtrait maintenant, dit-il en regardant sa figure que douze balles avaient mise en morceaux. — Voilà, monsieur, la belle vie que j'ai menée. Le soir, nous nous trouvâmes dans un hallier, épuisés de fatigue, n'ayant rien à manger et ruinés par la perte de nos mulets. Que fit cet infernal Garcia? il tira un paquet de cartes de sa poche, et se mit à jouer avec le Dancaïre à la lueur d'un feu qu'ils allumèrent.

Pendant ce temps-là, moi, j'étais couché, regardant les étoiles, pensant au Remendado, et me disant que j'aimerais autant être à sa place. Carmen était accroupie près de moi, et de temps en temps elle faisait un roulement de castagnettes en chantonnant. Puis, s'approchant comme pour me parler à l'oreille, elle m'embrassa, presque malgré moi, deux ou trois fois. — Tu es le diable, lui disais-je. — Oui, me répondait-elle.

Après quelques heures de repos, elle s'en fut à Gaucin, et le lendemain matin un petit chevrier vint nous porter du pain. Nous demeurâmes là tout le jour, et la nuit nous nous rapprochâmes de Gaucin. Nous attendions des nouvelles de Carmen. Rien ne venait. Au jour, nous voyons un muletier qui menait une femme bien habillée, avec un parasol, et une petite fille qui paraissait sa domestique. Garcia nous dit : — Voilà deux mules et deux femmes que saint Nicolas nous envoie; j'aimerais mieux quatre mules; n'importe, j'en fais mon affaire! — Il prit son espingole et descendit vers le sentier en se cachant dans les broussailles. Nous le suivions, le Dancaïre et moi, à peu de distance. Quand nous fûmes à portée, nous nous montrâmes, et nous criâmes au muletier de s'arrêter. La femme, en nous voyant, au lieu de s'effrayer, et notre toilette aurait suffi pour cela, fait un grand éclat de rire. — Ah! les *lillipendi* qui me prennent pour une *erani*(1)! — C'était Carmen, mais si bien déguisée, que je ne l'aurais pas reconnue parlant une autre langue. Elle sauta en bas de sa mule, et causa quelque temps à voix basse avec le Dancaïre et Garcia, puis elle me dit: Canari, nous nous reverrons avant que tu sois pendu. Je vais à Gibraltar pour les affaires d'Égypte. Vous entendrez bientôt parler de moi. — Nous nous séparâmes après qu'elle nous eut indiqué un lieu où nous pourrions trouver un abri pour quelques jours. Cette fille était la providence de notre troupe. Nous reçûmes bientôt quelque argent qu'elle nous envoya, et un avis qui valait mieux pour nous: c'était que tel jour partiraient deux milords anglais, allant de Gibraltar à Grenade par tel chemin. A bon entendeur, salut. Ils avaient de belles et bonnes guinées. Garcia voulait les tuer, mais le Dancaïre et moi nous nous y opposâmes. Nous ne leur prîmes que l'argent et les montres, outre les chemises, dont nous avions grand besoin.

Monsieur, on devient coquin sans y penser. Une jolie fille vous fait perdre la tête, on se bat pour elle, un malheur arrive, il faut vivre à la montagne, et de con-

(1) Les imbéciles qui me prennent pour une femme comme il faut.

trebandier on devient voleur avant d'avoir réfléchi. Nous jugeâmes qu'il ne faisait pas bon pour nous dans les environs de Gibraltar après l'affaire des milords, et nous nous enfonçâmes dans la sierra de Ronda. — Vous m'avez parlé de José-Maria; tenez, c'est là que j'ai fait connaissance avec lui. Il menait sa maîtresse dans ses expéditions. C'était une jolie fille, sage, modeste, de bonnes manières; jamais un mot malhonnête, et un dévouement!... En revanche, il la rendait bien malheureuse. Il était toujours à courir après toutes les filles, il la malmenait, puis quelquefois il s'avisait de faire le jaloux. Une fois, il lui donna un coup de couteau. Eh bien, elle ne l'en aimait que davantage. Les femmes sont ainsi faites, les Andalouses surtout. Celle-là était fière de la cicatrice qu'elle avait au bras, et la montrait comme la plus belle chose du monde. Et puis José-Maria, par-dessus le marché, était le plus mauvais camarade!... Dans une expédition que nous fîmes, il s'arrangea si bien, que tout le profit lui en demeura, à nous les coups et l'embarras de l'affaire. Mais je reprends mon histoire. Nous n'entendions plus parler de Carmen. Le Dancaïre dit : — Il faut qu'un de nous aille à Gibraltar pour en avoir des nouvelles; elle doit avoir préparé quelque affaire. J'irais bien, mais je suis trop connu à Gibraltar. — Le borgne dit : — Moi aussi, on m'y connaît, j'y ai fait tant de farces aux Écrevisses (1) ! et, comme je n'ai qu'un œil, je suis difficile à déguiser. — Il faut donc que j'y aille ? dis-je à mon tour, enchanté à la seule idée de revoir Carmen; voyons, que faut-il faire ? — Les autres me dirent : — Fais tant que de t'embarquer ou de passer par Saint-Roc, comme tu aimeras le mieux, et, lorsque tu seras à Gibraltar, demande sur le port où demeure une marchande de chocolat qui s'appelle la Rollona; quand tu l'auras trouvée, tu sauras d'elle ce qui se passe là-bas. — Il fut convenu que nous partirions tous les trois pour la sierra de Gaucin, que j'y laisserais mes deux compagnons, et que je me rendrais à Gibraltar comme un marchand de fruits. À Ronda, un homme qui était à nous m'avait procuré un passe-port; à Gaucin, on me donna un âne : je le chargeai d'oranges et de melons, et je me mis en route. Arrivé à Gibraltar, je trouvai qu'on y connaissait bien la Rollona, mais elle était morte ou elle était allée à *finibus terræ* (2), et sa disparition expliquait, à mon avis, comment nous avions perdu notre moyen de corres-

(1) Nom que le peuple en Espagne donne aux Anglais à cause de la couleur de leur uniforme.
(2) Aux galères, ou bien à tous les diables.

pondre avec Carmen. Je mis mon âne dans une écurie, et, prenant mes oranges, j'allais par la ville comme pour les vendre, mais, en effet, pour voir si je ne rencontrerais pas quelque figure de connaissance. Il y a là force canaille de tous les pays du monde, et c'est la tour de Babel, car on ne saurait faire dix pas dans une rue sans entendre parler autant de langues. Je voyais bien des gens d'Égypte, mais je n'osais guère m'y fier; je les tâtais, et ils me tâtaient. Nous devinions bien que nous étions des coquins; l'important était de savoir si nous étions de la même bande. Après deux jours passés en courses inutiles, je n'avais rien appris touchant la Rollona ni Carmen, et je pensais à retourner auprès de mes camarades après avoir fait quelques emplettes, lorsqu'en me promenant dans une rue, au coucher du soleil, j'entends une voix de femme d'une fenêtre qui me dit : — Marchand d'oranges !... Je lève la tête, et je vois à un balcon Carmen, accoudée avec un officier en rouge, épaulettes d'or, cheveux frisés, tournure d'un gros mylord. Pour elle, elle était habillée superbement : un châle sur ses épaules, une peigne d'or, toute en soie; et la bonne pièce, toujours la même ! riait à se tenir les côtes. L'Anglais, en baragouinant l'espagnol, me cria de monter, que madame voulait des oranges; et Carmen me dit en basque : — Monte, et ne t'étonne de rien. — Rien, en effet, ne devait m'étonner de sa part. Je ne sais si j'eus plus de joie que de chagrin en la retrouvant. Il y avait à la porte un grand domestique anglais, poudré, qui me conduisit dans un salon magnifique. Carmen me dit aussitôt en basque : — Tu ne sais pas un mot d'espagnol, tu ne me connais pas. — Puis, se tournant vers l'Anglais : — Je vous le disais bien, je l'ai tout de suite reconnu pour un Basque; vous allez entendre quelle drôle de langue. Comme il a l'air bête, n'est-ce pas? On dirait un chat surpris dans un gardemanger. — Et toi, lui dis-je dans ma langue, tu as l'air d'une effrontée coquine, et j'ai bien envie de te balafrer la figure devant ton galant. — Mon galant! dit-elle, tiens, tu as deviné cela tout seul? Et tu es jaloux de cet imbécile-là? Tu es encore plus niais qu'avant nos soirées de la rue du Candilejo. Ne vois-tu pas, sot que tu es, que je fais en ce moment les affaires d'Égypte, et de la façon la plus brillante. Cette maison est à moi, les guinées de l'écrevisse seront à moi; je le mène par le bout du nez; je le mènerai d'où il ne sortira jamais.

— Et moi, lui dis-je, si tu fais encore les affaires d'Égypte de cette manière-là, je ferai si bien que tu ne recommenceras plus.

— Ah! oui-dà! Es-tu mon rom, pour me commander? Le Borgne le trouve bon, qu'as-tu à y voir? Ne devrais-tu pas être bien content d'être le seul qui se puisse dire mon *minchorrò* (1)?

— Qu'est-ce qu'il dit? demanda l'Anglais.

— Il dit qu'il a soif et qu'il boirait bien un coup, répondit Carmen. Et elle se renversa sur un canapé en éclatant de rire à sa traduction.

Monsieur, quand cette fille-là riait, il n'y avait pas moyen de parler raison. Tout le monde riait avec elle. Ce grand Anglais se mit à rire aussi, comme un imbécile qu'il était, et ordonna qu'on m'apportât à boire.

Pendant que je buvais : — Vois-tu cette bague qu'il a au doigt? dit-elle; si tu veux, je te la donnerai.

Moi je répondis : — Je donnerais un doigt pour tenir ton mylord dans la montagne, chacun un maquila au poing.

— Maquila, qu'est-ce que cela veut dire? demanda l'Anglais.

— Maquila, dit Carmen riant toujours, c'est une orange. N'est-ce pas un bien drôle de mot pour une orange? Il dit qu'il voudrait vous faire manger du maquila.

— Oui? dit l'Anglais. Eh bien! apporte encore de-

---

(1) Mon amant, ou plutôt mon caprice.

main du maquila. — Pendant que nous parlions, le domestique entra et dit que le dîner était prêt. Alors l'Anglais se leva, me donna une piastre, et offrit son bras à Carmen, comme si elle ne pouvait pas marcher seule. Carmen, riant toujours, me dit : — Mon garçon, je ne puis t'inviter à dîner ; mais demain, dès que tu entendras le tambour pour la parade, viens ici avec des oranges. Tu trouveras une chambre mieux meublée que celle de la rue du Candilejo, et tu verras si je suis toujours ta Carmencita. Et puis nous parlerons des affaires d'Égypte. — Je ne répondis rien, et j'étais dans la rue que l'Anglais me criait : Apportez demain du maquila ! et j'entendais les éclats de rire de Carmen.

Je sortis ne sachant ce que je ferais, je ne dormis guère, et le matin je me trouvais si en colère contre cette traîtresse, que j'avais résolu de partir de Gibraltar sans la revoir ; mais, au premier roulement de tambour, tout mon courage m'abandonna : je pris ma natte d'oranges et je courus chez Carmen. Sa jalousie était entr'ouverte, et je vis son grand œil noir qui me guettait. Le domestique poudré m'introduisit aussitôt ; Carmen lui donna une commission, et dès que nous fûmes seuls, elle partit d'un de ses éclats de rire de crocodile, et se jeta à mon cou. Je ne l'avais jamais vue si belle. Parée comme une madone, parfumée..... des meubles de soie, des rideaux brodés..... ah !..... et moi fait comme un voleur que j'étais. — Minchorrò ! disait Carmen, j'ai envie de tout casser ici, de mettre le feu à la maison, et de m'enfuir à la sierra. — Et c'étaient des tendresses !... et puis des rires !... et elle dansait, et elle déchirait ses falbalas : jamais singe ne fit plus de gambades, de grimaces, de diableries. Quand elle eut repris son sérieux : — Écoute, me dit-elle, il s'agit de l'Égypte. Je veux qu'il me mène à Ronda, où j'ai une sœur religieuse... (Ici nouveaux éclats de rire.) Nous passons par un endroit que je te ferai dire. Vous tombez sur lui : pillé rasibus ! Le mieux serait de l'escoffier ; mais, ajouta-t-elle avec un sourire diabolique qu'elle avait dans de certains moments, et ce sourire-là, personne n'avait alors envie de l'imiter, — sais-tu ce qu'il faudrait faire ? Que le Borgne paraisse le premier. Tenez-vous un peu en arrière ; l'écrevisse est brave et adroit : il a de bons pistolets... Comprends-tu ?..... Elle s'interrompit par un nouvel éclat de rire qui me fit frissonner.

— Non, lui dis-je : je hais Garcia, mais c'est mon camarade. Un jour peut-être je t'en débarrasserai, mais nous réglerons nos comptes à la façon de mon pays. Je ne suis Égyptien que par hasard; et pour certaines choses, je serai toujours franc Navarrais, comme dit le proverbe (1).

Elle reprit : — Tu es une bête, un niais, un vrai *payllo*. Tu es comme le nain qui se croit grand quand il a pu cracher loin (2). Tu ne m'aimes pas, va-t'en.

Quand elle me disait : Va-t'en, je ne pouvais m'en aller. Je promis de partir, de retourner auprès de mes camarades et d'attendre l'Anglais; de son côté, elle me promit d'être malade jusqu'au moment de quitter Gibraltar pour Ronda. Je demeurai encore deux jours à Gibraltar. Elle eut l'audace de me venir voir déguisée dans mon auberge. Je partis; moi aussi j'avais mon projet. Je retournai à notre rendez-vous, sachant le lieu et l'heure où l'Anglais et Carmen devaient passer. Je trouvai le Dancaïre et Garcia qui m'attendaient. Nous passâmes la nuit dans un bois auprès d'un feu de pommes de pin qui flambait à merveille. Je proposai à Garcia de jouer aux cartes. Il accepta. A la seconde partie, je lui dis qu'il trichait; il se mit à rire. Je lui jetai les cartes à la figure. Il voulut prendre son espin-

---

(1) *Navarro fino.*
(2) Or esorjié de or narsichislé, sin chismar lachinguel — proverbe bohémien. La promesse d'un nain, c'est de cracher loin.

gole; je mis le pied dessus, et je lui dis : — On dit que tu sais jouer du couteau comme le meilleur jaque de Malaga, veux-tu t'essayer avec moi? — Le Dancaïre voulut nous séparer. J'avais donné deux ou trois coups de poing à Garcia. La colère l'avait rendu brave; il avait tiré son couteau, moi le mien. Nous dîmes tous deux au Dancaïre de nous laisser place libre et franc jeu. Il vit qu'il n'y avait pas moyen de nous arrêter, et il s'écarta. Garcia était déjà ployé en deux comme un chat prêt à s'élancer contre une souris. Il tenait son chapeau de la main gauche pour parer, son couteau en avant. C'est leur garde andalouse. Moi, je me mis à la navarraise, droit en face de lui, le bras gauche levé, la jambe gauche en avant, le couteau le long de la cuisse droite. Je me sentais plus fort qu'un géant. Il se lança sur moi comme un trait; je tournai sur le pied gauche, et il ne trouva plus rien devant lui; mais je l'atteignis à la gorge, et le couteau entra si avant, que ma main était sous son menton. Je retournai la lame si fort qu'elle se cassa. C'était fini. La lame sortit de la plaie lancée par un bouillon de sang gros comme le bras. Il tomba sur le nez roide comme un pieu. — Qu'as-tu fait? me dit le Dancaïre. — Écoute, lui dis-je: nous ne pouvions vivre ensemble. J'aime Carmen, et je veux être seul. D'ailleurs, Garcia était un coquin, et je me rappelle ce qu'il a fait au pauvre Remendado. Nous ne sommes plus que deux, mais nous sommes de bons garçons. Voyons, veux-tu de moi pour ami, à la vie à la mort? — Le Dancaïre me tendit la main. C'était un homme de cinquante ans. — Au diable les amourettes! s'écria-t-il. Si tu lui avais demandé Carmen, il te l'aurait vendue pour une piastre. Nous ne sommes plus que deux; comment ferons-nous demain? Laisse-moi faire tout seul, lui répondis-je. Maintenant je me moque du monde entier.

Nous enterrâmes Garcia, et nous allâmes placer notre camp deux cents pas plus loin. Le lendemain, Carmen et son Anglais passèrent avec deux muletiers et un domestique. Je dis au Dancaïre : Je me charge de l'Anglais. Fais peur aux autres, ils ne sont pas armés. L'Anglais avait du cœur. Si Carmen ne lui eût poussé le bras, il me tuait. Bref, je reconquis Carmen ce jour-là, et mon premier mot fut de lui dire qu'elle était veuve. Quand elle sut comment cela s'était passé : Tu seras toujours un *lillipendi!* me dit-elle. Garcia devait te tuer. Ta garde navarraise n'est qu'une bêtise, et il en a mis à l'ombre de plus habiles que toi. C'est que son temps était venu. Le tien viendra. — Et le tien, répondis-je, si tu n'es pas pour moi une vraie romi. — A la bonne heure, dit-elle; j'ai vu plus d'une fois dans du marc du café que nous devions finir ensemble. Bah! arrive qui plante! Et elle fit claquer ses castagnettes, ce qu'elle faisait toujours quand elle voulait chasser quelque idée importune.

On s'oublie quand on parle de soi. Tous ces détails-là vous ennuient sans doute, mais j'ai bientôt fini. La vie que nous menions dura assez longtemps. Le Dancaïre et moi nous nous étions associés quelques camarades plus sûrs que les premiers, et nous nous occupions de contrebande, et aussi parfois, il faut bien l'avouer, nous arrêtions sur la grande route, mais à la dernière extrémité, et lorsque nous ne pouvions faire autrement. D'ailleurs, nous ne maltraitions pas les voyageurs, et nous nous bornions à leur prendre leur argent. Pendant quelques mois, je fus content de Carmen; elle continuait à nous être utile pour nos opérations, en nous avertissant des bons coups que nous pourrions faire. Elle se tenait, soit à Malaga, soit à Cordoue, soit à Grenade; mais, sur un mot de moi, elle quittait tout, et venait me retrouver dans une venta isolée, ou même au bivouac. Une fois seulement, c'était à Malaga, elle me donna quelque inquiétude. Je sus qu'elle avait jeté son dévolu sur un négociant fort riche, avec lequel probablement elle se proposait de recommencer la plaisanterie de Gibraltar. Malgré tout ce que le Dancaïre put me dire pour m'arrêter, je partis, et j'entrai dans Malaga en plein jour. Je cherchai Carmen, et je l'emmenai aussitôt. Nous eûmes une verte explication. — Sais-tu, me dit-elle, que, depuis que tu es mon rom pour tout de bon, je t'aime moins que lorsque tu étais mon minchorrô? Je ne veux pas être tourmentée, ni surtout commandée. Ce que je veux, c'est être libre et faire ce qui me plaît. Prends garde de me pousser à bout. Si tu m'ennuies, je trouverai quelque bon garçon qui te fera comme tu as fait au borgne. — Le Dancaïre nous raccommoda; mais nous nous étions dit des choses qui nous restaient sur le cœur, et nous n'étions plus comme auparavant. Peu après, un malheur nous arriva. La troupe nous surprit. Le Dancaïre fut tué, ainsi que deux de mes camarades; deux autres furent pris. Moi, je fus grièvement blessé, et, sans mon bon cheval, je demeurais entre les mains des soldats. Exténué de fatigue, ayant une balle dans le corps, j'allai me cacher dans un bois avec le seul compagnon qui me restât. Je m'évanouis en descendant de cheval, et je crus que j'allais crever dans les broussailles comme un lièvre qui a reçu du plomb. Mon camarade me porta dans une grotte que nous connaissions, puis il alla chercher Carmen. Elle était à Grenade, et aussitôt elle accourut. Pendant quinze jours, elle ne me quitta pas d'un instant. Elle ne ferma pas l'œil; elle me soigna avec une adresse et des attentions que jamais femme n'a eues pour l'homme le plus aimé. Dès que je pus me tenir sur mes jambes, elle me mena à Grenade dans le plus grand secret. Les bohémiennes trouvent partout des asiles sûrs, et je passai plus de six semaines dans une maison, à deux portes du corrégidor qui me cherchait. Plus d'une fois, regardant derrière un volet, je le vis passer. Enfin je me rétablis; mais j'avais fait bien des réflexions sur mon lit de douleur, et je projetais de changer de vie. Je parlai à Carmen de quitter l'Espagne, et de chercher à vivre honnêtement dans le Nouveau-Monde. Elle se moqua de moi. — Nous ne sommes pas faits pour planter des choux, dit-elle; notre destin, à nous, c'est de vivre aux dépens des payllos. Tiens, j'ai arrangé une affaire avec Nathan ben-Joseph de Gibraltar. Il a des cotonnades qui n'attendent que toi pour passer. Il sait que tu es vivant. Il compte sur toi. Que diraient nos correspondants de Gibraltar, si tu leur manquais de parole? Je me laissai entraîner, et je repris mon vilain commerce.

Pendant que j'étais caché à Grenade, il y eut des courses de taureaux où Carmen alla. En revenant, elle parla beaucoup d'un picador très-adroit nommé Lucas. Elle savait le nom de son cheval, et combien lui coûtait sa veste brodée. Je n'y fis pas attention. Juanito, le camarade qui m'était resté, me dit, quelques jours après, qu'il avait vu Carmen avec Lucas chez un marchand du Zacatin. Cela commença à m'alarmer. Je demandai à Carmen comment et pourquoi elle avait fait connaissance avec le picador. — C'est un garçon, me dit-elle, avec qui on peut faire une affaire. Rivière qui fait du bruit, a de l'eau ou des cailloux (1). Il a gagné 1,200 réaux aux courses. De deux choses l'une : ou bien il faut avoir cet argent; ou bien, comme c'est un bon cavalier et un gaillard de cœur, on peut l'enrôler dans notre bande. Un tel et un tel sont morts, tu as besoin de les remplacer. Prends-le avec toi.

— Je ne veux, répondis-je, ni de son argent, ni de sa personne, et je te défends de lui parler. — Prends garde, me dit-elle; lorsqu'on me défie de faire une

(1) Len sos sonsi abela
     Pani o reblendani terela. — (Proverbe bohémien).

chose, elle est bientôt faite! — Heureusement, le picador partit pour Malaga, et moi, je me mis en devoir de faire entrer les cotonnades du juif. J'eus fort à faire dans cette expédition là, Carmen aussi, et j'oubliai Lucas; peut-être aussi l'oublia-t-elle, pour le moment du moins. C'est vers ce temps, Monsieur, que je vous rencontrai, d'abord près de Montilla, puis après à Cordoue. Je ne vous parlerai pas de notre dernière entrevue. Vous en savez peut-être plus long que moi. Carmen vous vola votre montre; elle voulait encore votre argent, et surtout cette bague que je vois à votre doigt, et qui, dit-elle, est un anneau magique qu'il lui importait beaucoup de posséder. Nous eûmes une violente dispute, et je la frappai. Elle pâlit et pleura. C'était la première fois que je la voyais pleurer, et cela me fit un effet terrible. Je lui demandai pardon, mais elle me bouda pendant tout un jour, et, quand je repartis pour Montilla, elle ne voulut pas m'embrasser. — J'avais le cœur gros, lorsque, trois jours après, elle vint me trouver l'air riant et gaie comme pinson. Tout était oublié, et nous avions l'air d'amoureux de deux jours. Au moment de nous séparer, elle me dit : — Il y a une fête à Cordoue, je vais la voir, puis je saurai les gens qui s'en vont avec de l'argent, et je te le dirai. — Je la laissai partir. Seul, je pensai à cette fête et à ce changement d'humeur de Carmen. Il faut qu'elle se soit vengée déjà, me dis-je, puisqu'elle est revenue la première. — Un paysan me dit qu'il y avait des taureaux à Cordoue. Voilà mon sang qui bouillonne, et, comme un fou, je pars, et je vais à la place. On me montra Lucas, et, sur le banc contre la barrière, je reconnus Carmen. Il me suffit de la voir une minute pour être sûr de mon fait. Lucas, au premier taureau, fit le joli cœur, comme je l'avais prévu. Il arracha la cocarde (1) du taureau et la porta à Carmen, qui s'en coiffa sur-le-champ. Le taureau se chargea de me venger. Lucas fut culbuté avec son cheval sur la poitrine, et le taureau par dessus tous les deux. Je regardai Carmen, elle n'était déjà plus à sa place. Il m'était impossible de sortir de celle où j'étais, et je fus obligé d'attendre la fin des courses. Alors j'allai à la maison que vous connaissez, et je m'y tins coi toute la soirée et une partie de la nuit. Vers deux heures du matin, Carmen revint, et fut un peu surprise de me voir. — Viens avec moi, lui dis-je.

(1) *La divisa*, nœud de rubans dont la couleur indique les pâturages d'où viennent les taureaux. Ce nœud est fixé dans la peau du taureau au moyen d'un crochet, et c'est le comble de la galanterie que de l'arracher à l'animal vivant, pour l'offrir à une femme.

— Eh bien ! dit-elle, partons ! — J'allai prendre mon cheval, je la mis en croupe, et nous marchâmes tout le reste de la nuit sans nous dire un seul mot. Nous nous arrêtâmes au jour dans une venta isolée, assez près d'un petit ermitage. Là je dis à Carmen :

— Écoute, j'oublie tout. Je ne te parlerai de rien ; mais jure-moi une chose : c'est que tu vas me suivre en Amérique, et que tu t'y tiendras tranquille.

— Non, dit-elle d'un ton boudeur, je ne veux pas aller en Amérique. Je me trouve bien ici.

— C'est parce que tu es près de Lucas ; mais songes-y bien, s'il guérit, ce ne sera pas pour faire de vieux os. Au reste, pourquoi m'en prendre à lui ? Je suis las de tuer tous tes amants ; c'est toi que je tuerai.

Elle me regarda fixement de son regard sauvage, et me dit :

— J'ai toujours pensé que tu me tuerais. La première fois que je t'ai vu, je venais de rencontrer un prêtre à la porte de ma maison. Et cette nuit, en sortant de Cordoue, n'as-tu rien vu ? Un lièvre a traversé le chemin entre les pieds de ton cheval. C'est écrit.

— Carmencita, lui demandais-je, est-ce que tu ne m'aimes plus ?

Elle ne répondit rien. Elle était assise les jambes croisécs sur une natte et faisait des traits par terre avec son doigt.

— Changeons de vie, Carmen, lui dis-je d'un ton suppliant. Allons vivre quelque part où nous ne serons jamais séparés. Tu sais que nous avons, pas loin d'ici, sous un chêne, cent vingt onces enterrées..... Puis, nous avons des fonds encore chez le juif Ben-Joseph.

Elle se mit à sourire, et me dit :

— Moi d'abord, toi ensuite. Je sais bien que cela doit arriver ainsi.

— Réfléchis, repris-je ; je suis au bout de ma patience et de mon courage ; prends ton parti ou je prendrai le mien. — Je la quittai et j'allai me promener du côté de l'ermitage. Je trouvai l'ermite qui priait. J'attendis que sa prière fût finie ; j'aurais bien voulu prier, mais je ne pouvais pas. Quand il se releva, j'allai à lui. — Mon père, lui dis-je, voulez-vous prier pour quelqu'un qui est en grand péril ?

— Je prie pour tous les affligés, dit-il.

— Pouvez-vous dire une messe pour une âme qui va peut-être paraître devant son Créateur ?

— Oui, répondit-il en me regardant fixement. — Et, comme il y avait dans mon air quelque chose d'étrange, il voulut me faire parler :

— Il me semble que je vous ai vu, dit-il.

— Je mis une piastre sur son banc. — Quand direz-vous la messe? lui demandai-je.

— Dans une demi-heure. Le fils de l'aubergiste de là-bas va venir la servir. Dites-moi, jeune homme, n'avez-vous pas quelque chose sur la conscience qui vous tourmente? voulez-vous écouter les conseils d'un chrétien?

Je me sentais près de pleurer. Je lui dis que je reviendrais, et je me sauvai. J'allai me coucher sur l'herbe jusqu'à ce que j'entendisse la cloche. Alors je m'approchai, mais je restai en dehors de la chapelle. Quand la messe fut dite, je retournai à la venta. J'espérais presque que Carmen se serait enfuie; elle aurait pu prendre mon cheval et se sauver... mais je la retrouvai. Elle ne voulait pas qu'on pût dire que je lui avais fait peur. Pendant mon absence, elle avait défait l'ourlet de sa robe pour en retirer le plomb. Maintenant elle était devant une table, regardant dans une terrine pleine d'eau le plomb qu'elle avait fait fondre, et qu'elle venait d'y jeter. Elle était si occupée de sa magie qu'elle ne s'aperçut pas d'abord de mon retour. Tantôt elle prenait un morceau de plomb et le tournait de tous les côtés d'un air triste, tantôt elle chantait quelqu'une de ces chansons magiques où elles invoquent Marie Padilla, la maîtresse de don Pédro, qui fut, dit-on la *Bari Crallisa*, ou la grande reine des bohémiens (1) :

— Carmen, lui dis-je, voulez-vous venir avec moi ?

Elle se leva, jeta sa sébile, et mit sa mantille sur sa tête comme prête à partir. On m'amena mon cheval, elle monta en croupe et nous nous éloignâmes.

— Ainsi, lui dis-je, ma Carmen, après un bout de chemin, tu veux bien me suivre n'est-ce pas ?

— Je te suis à la mort, oui, mais je ne vivrai plus avec toi.

Nous étions dans une gorge solitaire ; j'arrêtai mon cheval. — Est-ce ici ? — dit-elle, et d'un bond elle fut à terre. Elle ôta sa mantille, la jeta à ses pieds, et se tint immobile un poing sur la hanche, me regardant fixement.

— Tu veux me tuer, je le vois bien, dit-elle ; c'est écrit, mais tu ne me feras pas céder.

— Je t'en prie, lui dis-je, sois raisonnable. Écoute-moi ! tout le passé est oublié. Pourtant, tu le sais, c'est

(1) On a accusé Marie Padilla d'avoir ensorcelé le roi don Pèdre. Une tradition populaire rapporte qu'elle avait fait présent à la reine Blanche de Bourbon d'une ceinture d'or, qui parut aux yeux fascinés du roi comme un serpent vivant. De là la répugnance qu'il montra toujours pour la malheureuse princesse.

toi qui m'as perdu ; c'est pour toi que je suis devenu un voleur et un meurtrier. Carmen ! ma Carmen ! laisse-moi te sauver et me sauver avec toi.

— José, répondit-elle, tu me demandes l'impossible. Je ne t'aime plus ; toi, tu m'aimes encore, et c'est pour cela que tu veux me tuer. Je pourrais bien encore te faire quelque mensonge ; mais je ne veux pas m'en donner la peine. Tout est fini entre nous. Comme mon rom, tu as le droit de tuer ta romi ; mais Carmen sera toujours libre. Calli elle est née, calli elle mourra.

— Tu aimes donc Lucas ? lui demandai-je.

— Oui, je l'ai aimé, comme toi, un instant, moins que toi peut-être. A présent, je n'aime plus rien, et je me hais pour t'avoir aimé.

Je me jetai à ses pieds, je lui pris les mains, je les arrosai de mes larmes. Je lui rappelai tous les moments de bonheur que nous avions passés ensemble. Je lui offris de rester brigand pour lui plaire. Tout, monsieur, tout ! je lui offris tout, pourvu qu'elle voulût m'aimer encore !

— Elle me dit : — T'aimer encore, c'est impossible. Vivre avec toi, je ne le veux pas. — La fureur me possédait. Je tirai mon couteau. J'aurais voulu qu'elle eût peur et me demandât grâce, mais, cette femme était un démon.

— Pour la dernière fois, m'écriai-je, veux-tu rester avec moi ?

— Non ! non ! non ! dit-elle en frappant du pied, et elle tira de son doigt une bague que je lui avais donnée, et la jeta dans les broussailles.

Je la frappai deux fois. C'était le couteau du Borgne que j'avais pris, ayant cassé le mien. Elle tomba au second coup sans crier. Je crois encore voir son grand œil noir me regarder fixement ; puis il devint trouble et se ferma. Je restai anéanti une bonne heure devant ce cadavre. Puis, je me rappelai que Carmen m'avait dit souvent qu'elle aimerait à être enterrée dans un bois. Je lui creusai une fosse avec mon couteau, et je l'y déposai. Je cherchai longtemps sa bague, et je la trouvai à la fin. Je la mis dans la fosse auprès d'elle, avec une petite croix. Peut-être ai-je eu tort. Ensuite je montai sur mon cheval, je galopai jusqu'à Cordoue, et au premier corps-de-garde je me fis connaître. J'ai dit que j'avais tué Carmen ; mais je n'ai pas voulu dire où était son corps. L'ermite était un saint homme. Il a prié pour elle ! Il a dit une messe pour son âme..... Pauvre enfant ! Ce sont les *Calé* qui sont coupables pour l'avoir élevée ainsi. »

IV.

L'Espagne est un des pays où se trouvent aujourd'hui, en plus grand nombre encore, ces nomades dispersés dans toute l'Europe, et connus sous les noms de *Bohémiens, Gitanos, Gypsies, Zigeuner*, etc. La plupart demeurent, ou plutôt mènent une vie errante dans les provinces du Sud et de l'Est, en Andalousie, en Estramadure dans le royaume de Murcie; il y en a beaucoup en Catalogne. Ces derniers passent souvent en France On en rencontre dans toutes nos foires du Midi. D'ordinaire, les hommes exercent les métiers de maquignon, de vétérinaire et de tondeur de mulets; ils y joignent l'industrie de raccommoder les poêlons et les instruments de cuivre, sans parler de la contrebande et autres pratiques illicites. Les femmes disent la bonne aventure, mendient et vendent toutes sortes de drogues innocentes ou non.

Les caractères physiques des Bohémiens sont plus faciles à distinguer qu'à décrire, et lorsqu'on en a vu un seul, on reconnaîtrait entre mille un individu de cette race. La physionomie, l'expression, voilà surtout ce qui les sépare des peuples qui habitent le même pays. Leur teint est très-basané, toujours plus foncé que celui des populations parmi lesquelles ils vivent. De là le nom de *Calé*, les noirs, par lequel ils se désignent souvent (1). Leurs yeux sensiblement obliques, bien fendus, très-noirs, sont ombragés par des cils longs et épais. On ne peut comparer leur regard qu'à celui d'une bête fauve. L'audace et la timidité s'y peignent tout à la fois, et sous ce rapport leurs yeux révèlent assez bien le caractère de la nation, rusée, hardie, mais craignant *naturellement les coups* comme Panurge. Pour la plupart les hommes sont bien découplés, sveltes, agiles; je ne crois pas en avoir jamais vu un seul chargé d'embonpoint. En Allemagne, les Bohémiennes sont souvent très-jolies; la beauté est fort rare parmi les gitanas d'Espagne. Très-jeunes elles peuvent passer pour des laiderons agréables; mais une fois qu'elles sont mères, elles de-

---

(1) Il m'a semblé que les Bohémiens allemands, bien qu'ils comprennent parfaitement le mot *Calé*, n'aimaient point à être appelés de la sorte. Ils s'appellent entre eux *Romané tchavé*.

viennent repoussantes. La saleté des deux sexes est incroyable, et qui n'a pas vu les cheveux d'une matronne bohémienne s'en fera difficilement une idée, même en se représentant les crins les plus rudes, les plus gras, les plus poudreux. Dans quelques grandes villes d'Andalousie, certaines jeunes filles un peu plus agréables que les autres, prennent plus de soin de leur personne. Celles-là vont danser pour de l'argent, des danses qui ressemblent fort à celles que l'on interdit dans nos bals publics du carnaval. M. Borrow, missionnaire anglais, auteur de deux ouvrages fort intéressants sur les Bohémiens d'Espagne, qu'il avait entrepris de convertir, aux frais de la société Biblique, assure qu'il est sans exemple qu'une Gitana ait jamais eu quelque faiblesse pour un homme étranger à sa race. Il me semble qu'il y a beaucoup d'exagération dans les éloges qu'il accorde à leur chasteté. D'abord, le plus grand nombre est dans le cas de la laide d'Ovide : *Casta quam nemo rogavit.* Quant aux jolies, elles sont comme toutes les Espagnoles, difficiles dans le choix de leurs amants. Il faut leur plaire, il faut les mériter. M. Borrow cite comme preuve de leur vertu un trait qui fait honneur à la sienne, surtout à sa naïveté. Un homme immoral de sa connaissance, offrit, dit-il, inutilement plusieurs onces à une jolie Gitana. Un Andalou, à qui je racontai cette anecdote, prétendit que cet homme immoral aurait eu plus de succès en montrant deux ou trois piastres, et qu'offrir des onces d'or à une Bohémienne, était un aussi mauvais moyen de persuader, que de promettre un million ou deux à une fille d'auberge. — Quoiqu'il en soit il est certain que les Gitanas montrent à leurs maris un dévoûment extraordinaire. Il n'y a pas de danger ni de misères qu'elles ne bravent pour les secourir en leurs nécessités. Un des noms que se donnent les Bohémiens, *Romé* ou les *époux*, me paraît attester le respect de la race pour l'état de mariage. En général on peut dire que leur principale vertu est le patriotisme, si l'on peut ainsi appeler la fidélité qu'ils observent dans leurs relations avec les individus de même origine qu'eux, leur empressement à s'entr'aider, le secret inviolable qu'ils se gardent dans les affaires compromettantes. Au reste, dans toutes les associations mystérieuses et en dehors des lois, on observe quelque chose de semblable.

J'ai visité, il y a quelques mois, une horde de Bohémiens établis dans les Vosges. Dans la hutte d'une vieille femme, l'ancienne de sa tribu, il y avait un Bohémien étranger à sa famille, attaqué d'une maladie mortelle. Cet homme avait quitté un hôpital où il était bien soigné, pour aller mourir au milieu de ses compatriotes. Depuis treize semaines il était alité chez ses hôtes, et beaucoup mieux traité que les fils et les gendres qui vivaient dans la même maison. Il avait un bon lit de paille et de mousse avec des draps assez blancs, tandis que le reste de la famille, au nombre de onze personnes, couchaient sur des planches longues de trois pieds. Voilà pour leur hospitalité. La même femme, si humaine pour son hôte, me disait devant le malade : *Singo, singo, homte 'hi mulo*. Dans peu, dans peu, il faut qu'il meure. Après tout, la vie de ces gens est si misérable, que l'annonce de la mort n'a rien d'effrayant pour eux.

Un trait remarquable du caractère des Bohémiens, c'est leur indifférence en matière de religion; non qu'ils soient esprits forts ou sceptiques. Jamais ils n'ont fait profession d'athéisme. Loin de là, la religion du pays qu'ils habitent est la leur; mais ils en changent en changeant de patrie. Les superstitions qui, chez les peuples grossiers remplacent les sentiments religieux, leur sont également étrangères. Le moyen, en effet, que des superstitions existent chez des gens qui vivent le plus souvent de la crédulité des autres. Cependant, j'ai remarqué chez les Bohémiens espagnols une horreur singulière pour le contact d'un cadavre. Il y en a peu qui consentiraient pour de l'argent à porter un mort au cimetière.

J'ai dit que la plupart des Bohémiennes se mêlaient de dire la bonne aventure. Elles s'en acquittent fort bien. Mais ce qui est pour elles une source de grands profits, c'est la vente des charmes et des philtres amoureux. Non-seulement elles tiennent des pattes de crapauds pour fixer les cœurs volages, ou de la poudre de pierre d'aimant pour se faire aimer des insensibles; mais elles font au besoin des conjurations puissantes qui obligent le diable à leur prêter son secours. L'année dernière, une Espagnole me racontait l'histoire suivante : Elle passait un jour dans la rue d'Alcala, fort triste et préoccupée; une Bohémienne accroupie sur le trottoir lui cria : Ma belle dame, votre amant vous a trahi. — C'était la vérité. — Voulez-vous que je vous le fasse revenir? On comprend avec quelle joie la proposition fut acceptée, et quelle devait être la confiance inspirée par une personne qui devinait ainsi d'un coup-d'œil, les secrets intimes du cœur. Comme il eût été impossible de procéder à des opérations magiques dans la rue la plus fréquentée de Madrid, on convint d'un rendez-vous pour le lendemain. — Rien de plus facile que de ramener l'infidèle à vos pieds, dit la Gitana.

Auriez-vous un mouchoir, une écharpe, une mantille qu'il vous ait donné? — On lui remit un fichu de soie. — Maintenant cousez avec de la soie cramoisie, une piastre dans un coin du fichu. — Dans un autre coin cousez une demi-piastre; ici, une piécette; là, une pièce de deux réaux. Puis il faut coudre au milieu une pièce d'or. Un doublon serait le mieux. — On coud le doublon et le reste. — A présent, donnez-moi le fichu, je vais le porter au Campo-Santo, à minuit sonnant. Venez avec moi, si vous voulez voir une belle diablerie. Je vous promets que dès demain vous reverrez celui que vous aimez. — La Bohémienne partit seule pour le Campo-Santo, car on avait trop peur des diables pour l'accompagner. Je vous laisse à penser si la pauvre amante délaissée a revu son fichu et son infidèle.

Malgré leur misère et l'espèce d'aversion qu'ils inspirent, les Bohémiens jouissent cependant d'une certaine considération parmi les gens peu éclairés, et ils en sont très vains. Ils se sentent une race supérieure pour l'intelligence et méprisent cordialement le peuple qui leur donne l'hospitalité. — Les Gentils sont si bêtes, me disait une Bohémienne des Vosges, qu'il n'y a aucun mérite à les attraper. L'autre jour, une paysanne m'appelle dans la rue, j'entre chez elle. Son poêle fumait, et elle me demande un sort pour le faire aller. Moi, je me fais d'abord donner un bon morceau de lard. Puis, je me mets à marmotter quelques mots en rommani. Tu es bête, je disais, tu es née bête, bête tu mourras... Quand je fus près de la porte, je lui dis en bon allemand : Le moyen infaillible d'empêcher ton poêle de fumer, c'est de n'y pas faire de feu. Et je pris mes jambes à mon cou.

L'histoire des Bohémiens est encore un problème. On sait à la vérité que leurs premières bandes, fort peu nombreuses, se montrèrent dans l'est de l'Europe, vers le commencement du quinzième siècle ; mais on ne peut dire ni d'où ils viennent, ni pourquoi ils sont venus en Europe, et, ce qui est plus extraordinaire, on ignore comment ils se sont multipliés en peu de temps d'une façon si prodigieuse dans plusieurs contrées fort éloignées les unes des autres. Les Bohémiens eux-mêmes n'ont conservé aucune tradition sur leur origine, et si la plupart d'entre eux parlent de l'Égypte comme de leur patrie primitive, c'est qu'ils ont adopté une fable très-anciennement répandue sur leur compte.

La plupart des orientalistes qui ont étudié la langue des Bohémiens, croient qu'ils sont originaires de l'Inde. En effet, il paraît qu'un grand nombre de racines et beaucoup de formes grammaticales du rommani se retrouvent dans des idiômes dérivés du sanscrit. On conçoit que dans leurs longues pérégrinations, les Bohémiens ont adopté beaucoup de mots étrangers. Dans tous les dialectes du rommani, on trouve quantité de mots grecs. Par exemple : *cocal*, os de κόκκαλον ; *petalli*, fer de cheval, de πέταλον ; *cafi*, clou, de καρφί, etc. Aujourd'hui, les Bohémiens ont presque autant de dialectes différents qu'il existe de hordes de leur race séparées les unes des autres. Partout ils parlent la langue du pays qu'ils habitent plus facilement que leur propre idiôme, dont ils ne font guère usage que pour pouvoir s'entretenir librement devant des étrangers. Si l'on compare le dialecte des Bohémiens de l'Allemagne avec celui des Espagnols, sans communication avec les premiers depuis des siècles, on reconnaît une très-grande quantité de mots communs ; mais la langue originale, partout, quoiqu'à différents degrés, s'est notablement altérée par le contact des langues plus cultivées, dont ces nomades ont été contraints de faire usage. L'allemand, d'un côté, l'espagnol, de l'autre, ont tellement modifié le fond du rommani, qu'il serait impossible à un Bohémien de la Forêt-Noire de converser avec un de ses frères andalous, bien qu'il leur suffit d'échanger quelques phrases pour reconnaître qu'ils parlent tous les deux un dialecte dérivé du même idiôme. Quelques mots d'un usage très-fréquent sont communs, je crois, à tous les dialectes; ainsi, dans tous les vocabulaires que j'ai pu voir : *pani* veut dire de l'eau, *manro*, du pain, *mâs*, de la viande, *lon*, du sel.

Les noms de nombre sont partout à peu près les mêmes. Le dialecte allemand me semble beaucoup plus pur que le dialecte espagnol; car il a conservé nombre de formes grammaticales primitives, tandis que les Gitanos ont adopté celles du Castillan. Pourtant quelques mots font exception pour attester l'ancienne communauté de langage. — Les prétérits du dialecte allemand se forment en ajoutant *ium* à l'impératif qui est toujours la racine du verbe. Les verbes dans le rommani espagnol, se conjuguent tous sur le modèle des verbes castillans de la première conjugaison. De l'infinitif *jamar*, manger, on devrait régulièrement faire *jamé*, j'ai mangé, de *lillar*, prendre, on devrait faire *lillé*, j'ai pris. Cependant quelques vieux Bohémiens disent par exception : *jayon, lillon*. Je ne connais pas d'autres verbes qui aient conservé cette forme antique.

Pendant que je fais ainsi étalage de mes minces connaissances dans la langue rommani, je dois noter quelques mots d'argot français que nos voleurs ont empruntés aux Bohémiens. *Les Mystères de Paris* ont appris à la bonne compagnie que *chourin*, voulait dire couteau. C'est du rommani pur; *tchouri* est un de ces mots communs à tous les dialectes. M. Vidocq appelle un cheval *grès*, c'est encore un mot bohémien *gras, gre, graste, gris*. Ajoutez encore le mot *romamichel* qui dans l'argot parisien désigne les Bohémiens. C'est la corruption de *rommané tchave* gars Bohémiens. Mais une étymologie dont je suis fier, c'est celle de *frimousse*, mine, visage, mot que tous les écoliers emploient ou employaient de mon temps. Observez d'abord que Oudin, dans son curieux dictionnaire, écrivait en 1640, *firlimouse*. Or, *firla, fila* en rommani veut dire visage, *mui* a la même signification, c'est exactement *os* des Latins. La combinaison *firlamui* a été sur-le-champ comprise par un Bohémien puriste, et je la crois conforme au génie de sa langue.

En voilà bien assez pour donner aux lecteurs de Carmen, une idée avantageuse de mes études sur le Rommani. Je terminerai par ce proverbe qui vient à propos : *En retudi panda nasti abela macha.* En close bouche, n'entre point mouche.

ARSÈNE GUILLOT.

ARSÈNE GUILLOT.

Σὲ Πάρις καὶ Φοῖβος Ἀπόλλων
Ἐσθλὸν ἐόντ', ὀλέσωσιν ἐνὶ Σκαιῇσι πύλῃσιν.
(Hom. Il, xxii, 360.)

I.

La dernière messe venait de finir à Saint-Roch, et le bedeau faisait sa ronde pour fermer les chapelles désertes. Il allait tirer la grille d'un de ces sanctuaires aristocratiques où quelques dévotes achètent la permission de prier Dieu, distinguées du reste des fidèles, lorsqu'il remarqua qu'une femme y demeurait encore, absorbée dans la méditation, comme il semblait, la tête baissée sur le dossier de sa chaise. « C'est madame de Piennes, » se dit-il, en s'arrêtant à l'entrée de la chapelle. Madame de Piennes était bien connue du bedeau. A cette époque, une femme du monde jeune, riche, jolie, qui rendait le pain bénit, qui donnait des nappes d'autel, qui faisait de grandes aumônes par l'entremise de son curé, avait quelque mérite à être dévote, lorsqu'elle n'avait pas pour mari un employé du gouvernement, qu'elle n'était point attachée à Madame la Dauphine, et qu'elle n'avait rien à gagner, sinon son salut, à fréquenter les églises. Telle était madame de Piennes. Le bedeau avait bien envie d'aller dîner, car les gens de cette sorte dînent à une heure, mais il n'osa troubler le pieux recueillement d'une personne si considérée dans la paroisse Saint-Roch. Il s'éloigna donc, faisant résonner sur les dalles ses souliers éculés, non sans espoir qu'après avoir fait le tour de l'église, il retrouverait la chapelle vide.

Il était déjà de l'autre côté du chœur, lorsqu'une jeune femme entra dans l'église, et se promena dans un des bas-côtés, regardant avec curiosité autour d'elle. Retables, stations, bénitiers, tous ces objets lui paraissaient aussi étranges que pourraient l'être pour vous, Madame, la sainte niche ou les inscriptions d'une mosquée du Caire. Elle avait environ vingt-cinq ans, mais il fallait la considérer avec beaucoup d'attention pour ne pas la croire plus âgée. Bien que très-brillants, ses yeux noirs étaient enfoncés et cernés par une teinte bleuâtre; son teint d'un blanc mat, ses lèvres décolorées, indiquaient la souffrance, et cependant un certain air d'audace et de gaieté dans le regard contrastait avec cette apparence maladive. Dans sa toilette, vous eussiez remarqué un bizarre mélange de négligence et de recherche. Sa capote rose, ornée de fleurs artificielles, aurait mieux convenu pour un négligé du soir. Sous un long châle de cachemire, dont l'œil exercé d'une femme du monde aurait deviné qu'elle n'était pas la première propriétaire, se cachait une robe d'indienne à vingt sous l'aune et un peu fripée. Enfin, un homme seul aurait admiré son pied, chaussé qu'il était de bas communs et de souliers de prunelle qui semblaient souffrir depuis longtemps des injures du pavé. Vous vous rappelez, madame, que l'asphalte n'était pas encore inventé.

Cette femme, dont vous avez pu deviner la position sociale, s'approcha de la chapelle où madame de Piennes se trouvait encore; et, après l'avoir observée un moment d'un air d'inquiétude et d'embarras, elle l'aborda lorsqu'elle la vit debout et sur le point de sortir.

— Pourriez-vous m'enseigner, madame, lui demanda-t-elle d'une voix douce et avec un sourire de timidité, pourriez-vous m'enseigner à qui je pourrais m'adresser pour faire un cierge?

Ce langage était trop étrange aux oreilles de madame de Piennes pour qu'elle le comprît d'abord. Elle se fit répéter la question.

— Oui, je voudrais bien faire un cierge à saint Roch; mais je ne sais à qui donner l'argent.

Madame de Piennes avait une dévotion trop éclairée pour être initiée à ces superstitions populaires. Cependant elle les respectait, car il y a quelque chose de touchant dans toute forme d'adoration, quelque grossière qu'elle puisse être. Persuadée qu'il s'agissait d'un vœu ou de quelque chose de semblable, et trop charitable pour tirer du costume de la jeune femme au chapeau rose les conclusions que vous n'avez peut-être pas craint de former, elle lui montra le bedeau, qui s'approchait. L'inconnue la remercia et courut à cet homme, qui parut la comprendre à demi-mot. Pendant que madame de Piennes reprenait son livre de messe et rajustait son voile, elle vit la dame au cierge tirer une petite bourse de sa poche, y prendre au milieu de beaucoup de menue monnaie une pièce de cinq francs solitaire, et la remettre au bedeau en lui faisant tout bas de longues recommandations qu'il écoutait en souriant.

Toutes les deux sortirent de l'église en même temps;

mais la dame au cierge marchait fort vite, et madame de Piennes l'eut bientôt perdue de vue, quoiqu'elle suivît la même direction. Au coin de la rue qu'elle habitait, elle la rencontra de nouveau. Sous son cachemire de hasard, l'inconnue cherchait à cacher un pain de quatre livres acheté dans une boutique voisine. En revoyant madame de Piennes, elle baissa la tête, ne put s'empêcher de sourire et doubla le pas. Son sourire disait : « Que voulez-vous? je suis pauvre. Moquez-vous de moi. Je sais bien qu'on n'achète pas du pain en capote rose et en cachemire. » Ce mélange de mauvaise honte, de résignation et de bonne humeur n'échappa point à madame de Piennes. Elle pensa non sans tristesse à la position probable de cette jeune fille. « Sa piété, se dit-elle, est plus méritoire que la mienne. Assurément son offrande d'un écu est un sacrifice beaucoup plus grand que le superflu dont je fais part aux pauvres, sans m'imposer la moindre privation. » Puis elle se rappela les deux oboles de la veuve, plus agréables à Dieu que les fastueuses aumônes des riches. « Je ne fais pas assez de bien, pensa-t-elle. Je ne fais pas tout ce que je pourrais faire. » Tout en s'adressant ainsi mentalement des reproches qu'elle était loin de mériter, elle rentra chez elle. Le cierge, le pain de quatre livres, et surtout l'offrande de l'unique pièce de cinq francs, avaient gravé dans la mémoire de madame de Piennes la figure de la jeune femme, qu'elle regardait comme un modèle de piété.

Elle la rencontra encore assez souvent dans la rue près de l'église, mais jamais aux offices. Toutes les fois que l'inconnue passait devant madame de Piennes, elle baissait la tête et souriait doucement. Ce sourire bien humble plaisait à madame de Piennes. Elle aurait voulu trouver une occasion d'obliger la pauvre fille, qui d'abord lui avait inspiré de l'intérêt, et qui maintenant excitait sa pitié; car elle avait remarqué que la capote rose se fanait, et le cachemire avait disparu. Sans doute il était retourné chez la revendeuse. Il était évident que saint Roch n'avait point payé au centuple l'offrande qu'on lui avait adressée.

Un jour madame de Piennes vit entrer à Saint-Roch une bière suivie d'un homme assez mal mis, qui n'avait pas de crêpe à son chapeau. C'était une manière de portier. Depuis plus d'un mois, elle n'avait pas rencontré la jeune femme au cierge, et l'idée lui vint qu'elle assistait à son enterrement. Rien de plus probable, car elle était si pâle et si maigre la dernière fois que madame de Piennes l'avait vue. Le bedeau questionné interrogea l'homme qui suivait la bière. Celui-ci répondit qu'il était *concierge* d'une maison rue Louis-le-Grand; qu'une de ses locataires était morte, une madame Guillot, n'ayant ni parents ni amis, rien qu'une fille, et que, par pure bonté d'âme, lui, concierge, allait à l'enterrement d'une personne qui ne lui était de rien. Aussitôt madame de Piennes se représenta que son inconnue était morte dans la misère, laissant une petite fille sans secours, et elle se promit d'envoyer aux renseignements un ecclésiastique qu'elle employait d'ordinaire pour ses bonnes œuvres.

Le surlendemain, une charrette en travers dans la rue arrêta sa voiture quelques instants, comme elle sortait de chez elle. En regardant par la portière d'un air distrait, elle aperçut rangée contre une borne la jeune fille qu'elle croyait morte. Elle la reconnut sans peine, quoique plus pâle, plus maigre que jamais, habillée de deuil, mais pauvrement, sans gants, sans chapeau. Son expression était étrange. Au lieu de son sourire habituel, elle avait tous les traits contractés; ses grands yeux noirs étaient hagards; elle les tournait vers madame de Piennes, mais sans la reconnaître, car elle ne voyait rien. Dans toute sa contenance se lisait non pas la douleur, mais une résolution furieuse. La charrette s'était écartée, et la voiture de madame de Piennes s'éloignait au grand trot ; mais l'image de la jeune fille et son expression désespérée poursuivirent madame de Piennes pendant plusieurs heures.

A son retour, elle vit un grand attroupement dans sa rue. Toutes les portières étaient sur leurs portes et faisaient aux voisines un récit qu'elles semblaient écouter avec un vif intérêt. Les groupes se pressaient surtout devant une maison proche de celle qu'habitait madame de Piennes. Tous les yeux étaient tournés vers une fenêtre ouverte à un troisième étage, et dans chaque petit cercle un ou deux bras se levaient pour la signaler à l'attention publique ; puis tout à coup les bras se baissaient vers la terre, et tous les yeux suivaient ce mouvement Quelque événement extraordinaire venait d'arriver.

En traversant son antichambre, madame de Piennes trouva ses domestiques effarés, chacun s'empressant au-devant d'elle pour avoir le premier l'avantage de lui annoncer la grande nouvelle du quartier. Mais, avant qu'elle pût faire une question, sa femme de chambre s'était écriée : — Ah ! madame !... si madame savait !... Et, ouvrant les portes avec une indicible prestesse, elle était parvenue avec sa maîtresse dans le *sanctum sanc-*

torum, je veux dire le cabinet de toilette, inaccessible au reste de la maison.

— Ah! madame, dit mademoiselle Joséphine tandis qu'elle détachait le châle de madame de Piennes, j'en ai *les sangs* tournés! Jamais je n'ai rien vu de si terrible, c'est-à-dire je n'ai pas vu, quoique je sois accourue tout de suite après... Mais pourtant...

— Que s'est-il donc passé? Parlez vite, mademoiselle.

— Eh bien, madame, c'est qu'à trois portes d'ici une pauvre malheureuse jeune fille s'est jetée par la fenêtre, il n'y a pas trois minutes; si madame fût arrivée une minute plus tôt, elle aurait entendu le coup.

— Ah! mon Dieu! Et la malheureuse s'est tuée?...

— Madame, cela faisait horreur. Baptiste, qui a été à la guerre, dit qu'il n'a jamais rien vu de pareil. D'un troisième étage, madame!

— Est-elle morte sur le coup?

— Oh! madame, elle remuait encore; elle parlait même. « Je veux qu'on m'achève! » qu'elle disait. Mais ses os étaient en bouillie. Madame peut bien penser quel coup elle a dû se donner.

— Mais cette malheureuse... l'a-t-on secourue?.....

A-t-on envoyé chercher un médecin, un prêtre?.....

— Pour un prêtre..., madame le sait mieux que moi... Mais, si j'étais prêtre... Une malheureuse assez abandonnée pour se tuer elle-même!... D'ailleurs, ça n'avait pas de conduite... On le voit assez... Ça avait été à l'Opéra, à ce qu'on m'a dit... Toutes ces demoiselles-là finissent mal... Elle s'est mise à la fenêtre; elle a noué ses jupons avec un ruban rose, et..... vlan !

— C'est cette pauvre fille en deuil ! s'écria madame de Piennes se parlant à elle-même.

— Oui, madame; sa mère est morte il y a trois ou quatre jours. La tête lui aura tourné... Avec cela, peut-être que son galant l'aura plantée là... Et puis, le terme est venu... Pas d'argent, ça ne sait pas travailler... Des mauvaises têtes ! un mauvais coup est bientôt fait...

Mademoiselle Joséphine continua quelque temps de la sorte sans que madame de Piennes répondît. Elle semblait méditer tristement sur le récit qu'elle venait d'entendre. Tout d'un coup, elle demanda à mademoiselle Joséphine :

— Sait-on si cette malheureuse fille a ce qu'il lui faut pour son état?... du linge?... des matelas?... Il faut qu'on le sache sur-le-champ.

— J'irai de la part de madame, si madame veut, s'écria la femme de chambre, enchantée de voir de près une femme qui avait voulu se tuer ; puis, réfléchissant : — Mais, ajouta-t-elle, je ne sais si j'aurai la force de voir cela, une femme qui est tombée d'un troisième étage !... Quand on a saigné Baptiste, je me suis trouvée mal. Ç'a été plus fort que moi.

— Eh bien, envoyez Baptiste, s'écria madame de Piennes ; mais qu'on me dise vite comment va cette malheureuse.

Par bonheur, son médecin, le docteur K..., arrivait comme elle donnait cet ordre. Il venait dîner chez elle, suivant son habitude, tous les mardis, jour d'Opéra-Italien.

— Courez vite, docteur, lui cria-t-elle sans lui donner le temps de poser sa canne et de quitter sa douillette ; Baptiste vous mènera à deux pas d'ici. Une pauvre jeune fille vient de se jeter par la fenêtre, et elle est sans secours.

— Par la fenêtre ? dit le médecin. Si elle était haute, probablement je n'ai rien à faire.

Le docteur avait plus envie de dîner que de faire une opération ; mais madame de Piennes insista, et, sur la promesse que le dîner serait retardé, il consentit à suivre Baptiste.

Ce dernier revint seul au bout de quelques minutes. Il demandait du linge, des oreillers, etc. En même temps, il apportait l'oracle du docteur.

— Ce n'est rien. Elle en échappera, si elle ne meurt pas du... Je ne me rappelle pas de quoi il disait qu'elle mourrait bien, mais cela finissait en *os*.

— Du tétanos! s'écria madame de Piennes.

— Justement, madame; mais c'est toujours bien heureux que M. le docteur soit venu, car il y avait déjà là un méchant médecin sans malades, le même qui a traité la petite Berthelot de la rougeole, et elle est morte à sa troisième visite.

Au bout d'une heure, le docteur reparut, légèrement dépoudré et son beau jabot de batiste en désordre.

— Ces gens qui se tuent, dit-il, sont nés coiffés. L'autre jour, on apporte à mon hôpital une femme qui s'était tiré un coup de pistolet dans la bouche. Mauvaise manière!... Elle se casse trois dents, se fait un trou à la joue gauche... Elle en sera un peu plus laide, voilà tout. Celle-ci se jette d'un troisième étage. Un pauvre diable d'honnête homme tomberait, sans le faire exprès, d'un premier, et se fendrait le crâne. Cette fille-là se casse une jambe... Deux côtes enfoncées, force contusions, et tout est dit. Un auvent se trouve justement là, tout à point, pour amortir la chute. C'est le troisième fait semblable que je vois depuis mon retour à Paris... Les jambes ont porté à terre. Le tibia et le péroné, cela se ressoude... Ce qu'il y a de pis, c'est que le gratin de ce turbot est complétement desséché... J'ai peur pour le rôti, et nous manquerons le premier acte d'*Otello*.

— Et cette malheureuse vous a-t-elle dit qui l'avait poussée à...

— Oh! je n'écoute jamais ces histoires-là, madame. Je leur demande : Avez-vous mangé avant, etc., etc.? parce que cela importe pour le traitement... Parbleu! quand on se tue, c'est qu'on a quelque mauvaise raison. Un amant vous quitte, un propriétaire vous met à la porte; on saute par la fenêtre pour lui faire pièce. On n'est pas plus tôt en l'air qu'on s'en repent bien.

— Elle se repent, je l'espère, la pauvre enfant?

— Sans doute, sans doute. Elle pleurait et faisait un train à m'étourdir... Baptiste est un fameux aide-chirurgien, madame; il a fait sa partie mieux qu'un petit carabin qui s'est trouvé là, et qui se grattait la tête, ne sachant par où commencer... Ce qu'il y a de plus piquant pour elle, c'est que, si elle s'était tuée, elle y aurait gagné de ne pas mourir de la poitrine ; car elle est poitrinaire, je lui en fais mon billet. Je ne l'ai pas *auscultée*, mais le *facies* ne me trompe jamais. Être si pressée, quand on n'a qu'à se laisser faire !

— Vous la verrez demain, docteur, n'est-ce pas ?

— Il le faudra bien, si vous le voulez. Je lui ai promis déjà que vous feriez quelque chose pour elle. Le plus simple, ce serait de l'envoyer à l'hôpital... On lui fournira gratis un appareil pour la réduction de sa jambe... Mais, au mot d'hôpital, elle crie qu'on l'achève ; toutes les commères font chorus. Cependant, quand on n'a pas le sou...

— Je ferai les petites dépenses qu'il faudra, docteur... Tenez, ce mot d'hôpital m'effraye aussi, malgré moi, comme les commères dont vous parlez. D'ailleurs, la transporter dans un hôpital, maintenant qu'elle est dans cet horrible état, ce serait la tuer.

— Préjugé ! pur préjugé des gens du monde ! On n'est nulle part aussi bien qu'à l'hôpital. Quand je serai malade pour tout de bon, moi, c'est à l'hôpital qu'on me portera. C'est de là que je veux m'embarquer dans la barque à Charon, et je ferai cadeau de mon corps aux élèves... dans trente ou quarante ans d'ici, s'entend.

Sérieusement, chère dame, pensez-y : je ne sais trop si votre protégée mérite bien votre intérêt. Elle m'a tout l'air de quelque fille d'Opéra... Il faut des jambes d'Opéra pour faire si heureusement un saut pareil...

— Mais je l'ai vue à l'église... et, tenez, docteur..., vous connaissez mon faible; je bâtis toute une histoire sur une figure, un regard... Riez tant que vous voudrez, je me trompe rarement. Cette pauvre fille a fait dernièrement un vœu pour sa mère malade. Sa mère est morte... Alors sa tête s'est perdue... Le désespoir, la misère, l'ont précipitée à cette horrible action.

— A la bonne heure! Oui, en effet, elle a sur le sommet du crâne une protubérance qui indique l'exaltation. Tout ce que vous me dites est assez probable. Vous me rappelez qu'il y avait un rameau de buis au-dessus de son lit de sangle. C'est concluant pour sa piété, n'est-ce pas?

— Un lit de sangle? Ah! mon Dieu! pauvre fille!... Mais, docteur, vous avez votre méchant sourire que je connais bien. Je ne parle pas de la dévotion qu'elle a ou qu'elle n'a pas. Ce qui m'oblige surtout à m'intéresser à cette fille, c'est que j'ai un reproche à me faire à son occasion...

— Un reproche?... J'y suis. Sans doute vous auriez dû faire mettre des matelas dans la rue pour la recevoir?...

— Oui, un reproche. J'avais remarqué sa position : j'aurais dû lui envoyer des secours; mais le pauvre abbé Dubignon était au lit, et...

— Vous devez avoir bien des remords, madame, si vous croyez que ce n'est point assez faire de donner, comme c'est votre habitude, à tous les quémandeurs. A votre compte, il faut encore deviner les pauvres honteux. — Mais, madame, ne parlons plus jambes cassées, ou plutôt, trois mots encore. Si vous accordez votre haute protection à ma nouvelle malade, faites-lui donner un meilleur lit, une garde demain, — aujourd'hui les commères suffiront. — Bouillons, tisanes, etc. Et ce qui ne serait pas mal, envoyez-lui quelque bonne tête parmi vos abbés, qui la chapitre et lui remette le moral comme je lui ai remis sa jambe. La petite personne est nerveuse; des complications pourraient nous survenir... Vous seriez... oui, ma foi! vous seriez la meilleure prédicatrice; mais vous avez à placer mieux vos sermons... J'ai dit. — Il est huit heures et demie; pour l'amour de Dieu! allez faire vos préparatifs d'Opéra. Baptiste m'apportera du café et le *Journal des Débats*.

J'ai tant couru toute la journée, que j'en suis encore à savoir comment va le monde.

Quelques jours se passèrent, et la malade était un peu mieux. Le docteur se plaignait seulement que la surexcitation morale ne diminuait pas.

— Je n'ai pas grande confiance dans tous vos abbés, disait-il à madame de Piennes. Si vous n'aviez pas trop de répugnance à voir le spectacle de la misère humaine, et je sais que vous en avez le courage, vous pourriez calmer le cerveau de cette pauvre enfant mieux qu'un prêtre de Saint-Roch, et, qui plus est, mieux qu'une prise de thridace.

Madame de Piennes ne demandait pas mieux, et lui proposa de l'accompagner sur-le-champ. Ils montèrent tous les deux chez la malade.

Dans une chambre meublée de trois chaises de paille et d'une petite table, elle était étendue sur un bon lit envoyé par madame de Piennes. Des draps fins, d'épais matelas, une pile de larges oreillers, indiquaient des attentions charitables dont vous n'aurez point de peine à découvrir l'auteur. La jeune fille, horriblement pâle, les yeux ardents, avait un bras hors du lit, et la portion de ce bras qui sortait de sa camisole était livide, meurtrie, et faisait deviner dans quel état était le reste de son corps. Lorsqu'elle vit madame de Piennes, elle souleva la tête, et, avec un sourire doux et triste :

— Je savais bien que c'était vous, madame, qui aviez eu pitié de moi, dit-elle. On m'a dit votre nom, et j'étais sûre que c'était la dame que je rencontrais près de Saint-Roch.

Il me semble vous avoir dit déjà que madame de Piennes avait quelques prétentions à deviner les gens sur la mine. Elle fut charmée de découvrir dans sa protégée un talent semblable, et cette découverte l'intéressa davantage en sa faveur.

— Vous êtes bien mal ici, ma pauvre enfant ! dit-elle en promenant ses regards sur le triste ameublement de la chambre. Pourquoi ne vous a-t-on pas envoyé des rideaux?... Il faut demander à Baptiste les petits objets dont vous pouvez avoir besoin.

— Vous êtes bien bonne, madame... Que me manque-t-il? Rien... C'est fini... Un peu mieux ou un peu plus mal, qu'importe? Et détournant la tête, elle se prit à pleurer.

— Vous souffrez beaucoup, ma pauvre enfant? lui demanda madame de Piennes en s'asseyant auprès du lit.

— Non, pas beaucoup... Seulement j'ai toujours

dans les oreilles le vent quand je tombais, et puis le bruit... crac! quand je suis tombée sur le pavé.

— Vous étiez folle alors, ma chère amie; vous vous repentez à présent, n'est-ce pas?

— Oui... mais, quand on est malheureux, on n'a plus la tête à soi.

— Je regrette bien de n'avoir pas connu plus tôt votre position. Mais, mon enfant, dans aucune circonstance de la vie, il ne faut s'abandonner au désespoir.

— Vous en parlez bien à votre aise, madame, dit le docteur, qui écrivait une ordonnance sur la petite table. Vous ne savez pas ce que c'est que de perdre un beau jeune homme à moustaches. Mais, diable! pour courir après lui, il ne faut pas sauter par la fenêtre.

— Fi donc! docteur, dit madame de Piennes, la pauvre petite avait sans doute d'autres motifs pour...

— Ah! je ne sais ce que j'avais, s'écria la malade; cent raisons pour une. D'abord, quand maman est morte, ça m'a porté un coup. Puis, je me suis sentie abandonnée... personne pour s'intéresser à moi!... Enfin, quelqu'un à qui je pensais plus qu'à tout le monde... Madame, oublier jusqu'à mon nom! oui, je m'appelle Arsène Guillot, G, U, I, deux L; il m'écrit par un Y!

— Je le disais bien, un infidèle! s'écria le docteur. On ne voit que cela. Bah! bah! ma belle, oubliez celui-là. Un homme sans mémoire ne mérite pas qu'on pense à lui. — Il tira sa montre. — Quatre heures? dit-il en se levant; je suis en retard pour ma consultation. Madame, je vous demande mille et mille pardons, mais il faut que je vous quitte; je n'ai pas même le temps de vous reconduire chez vous. — Adieu, mon enfant; tranquillisez-vous, ce ne sera rien. Vous danserez aussi bien de cette jambe-là que de l'autre. — Et vous, madame la garde, allez chez le pharmacien avec cette ordonnance, et vous ferez comme hier.

Le médecin et la garde étaient sortis; madame de Piennes restait seule avec la malade, un peu alarmée de trouver de l'amour dans une histoire qu'elle avait d'abord arrangée tout autrement dans son imagination.

— Ainsi, l'on vous a trompée, malheureuse enfant! reprit-elle après un silence.

— Moi! non. Comment tromper une misérable fille comme moi?... Seulement il n'a plus voulu de moi... Il a raison; je ne suis pas ce qu'il lui faut. Il a toujours été bon et généreux. Je lui ai écrit pour lui dire où j'en étais, et s'il voulait que je me remisse avec lui... Alors il m'a écrit... des choses qui m'ont fait bien de la peine... L'autre jour, quand je suis rentrée chez moi, j'ai laissé tomber un miroir qu'il m'avait donné, un miroir de Venise, comme il disait. Le miroir s'est cassé... Je me suis dit : Voilà le dernier coup!... C'est signe que tout est fini... Je n'avais plus rien de lui. J'avais mis les bijoux au mont-de-piété... Et puis, je me suis dit que si je me détruisais, ça lui ferait de la peine et que je me vengerais... La fenêtre était ouverte, et je me suis jetée.

— Mais, malheureuse que vous êtes, le motif était aussi frivole que l'action criminelle.

— A la bonne heure; mais que voulez-vous? Quand on a du chagrin, on ne réfléchit pas. C'est bien facile aux gens heureux de dire : Soyez raisonnable.

— Je le sais; le malheur est mauvais conseiller. Cependant, même au milieu des plus douloureuses épreuves, il y a des choses qu'on ne doit point oublier. Je vous ai vue à Saint-Roch accomplir un acte de piété, il y a peu de temps. Vous avez le bonheur de *croire*. La religion, ma chère, aurait dû vous retenir au moment où vous alliez vous abandonner au désespoir. Votre vie, vous la tenez du bon Dieu. Elle ne vous appartient pas...

Mais j'ai tort de vous gronder maintenant, pauvre petite. Vous vous repentez, vous souffrez, Dieu aura pitié de vous.

Arsène baissa la tête, et quelques larmes vinrent mouiller ses paupières.

— Ah! madame, dit-elle avec un grand soupir, vous me croyez meilleure que je ne suis... Vous me croyez pieuse... je ne le suis pas trop... on ne m'a pas instruite, et si vous m'avez vue à l'église faire un cierge... c'est que je ne savais plus où donner de la tête.

— Eh bien, ma chère, c'était une bonne pensée. Dans le malheur, c'est toujours à Dieu qu'il faut s'adresser.

— On m'avait dit... que si je faisais un cierge à Saint-Roch... mais non, madame, je ne puis pas vous dire cela. Une dame comme vous ne sait pas ce qu'on peut faire quand on n'a plus le sou.

— C'est du courage surtout qu'il faut demander à Dieu.

—Enfin, madame, je ne veux pas me faire meilleure que je ne suis, et c'est vous voler que de profiter des charités que vous me faites sans me connaître... Je suis une malheureuse fille... mais dans ce monde, on vit comme l'on peut... Pour en finir, madame, j'ai donc fait un cierge, parce que ma mère disait que, lorsqu'on fait un cierge à Saint-Roch, on ne manque jamais dans la huitaine de trouver un homme pour se mettre avec lui... Mais je suis devenue laide, j'ai l'air d'une momie... personne ne voudrait plus de moi... Eh bien, il n'y a plus qu'à mourir. Déjà c'est à moitié fait !

Tout cela était dit très-rapidement, d'une voix entrecoupée par les sanglots, et d'un ton de frénétique qui inspirait à madame de Piennes encore plus d'effroi que d'horreur. Involontairement elle éloigna sa chaise du lit de la malade. Peut-être même aurait-elle quitté la chambre, si l'humanité, plus forte que son dégoût auprès de cette femme perdue, ne lui eût reproché de la laisser seule dans un moment où elle était en proie au plus violent désespoir. Il y eut un moment de silence ; puis madame de Piennes, les yeux baissés, murmura faiblement :

— Votre mère ! malheureuse ! Qu'osez-vous dire ?

— Oh ! ma mère était comme toutes les mères... toutes les mères à nous... Elle avait fait vivre la sienne... je l'ai fait vivre aussi... Heureusement que je n'ai pas d'enfant. — Je vois bien, madame, que je vous fais peur... mais que voulez-vous ?... Vous avez été bien élevée, vous n'avez jamais pâti. Quand on est riche, il est aisé d'être honnête. Moi, j'aurais été honnête si j'en avais eu le moyen. J'ai eu bien des amants... je n'ai jamais aimé qu'un seul homme. Il m'a plantée là. Si j'avais été riche, nous nous serions mariés, nous aurions fait souche d'honnêtes gens... Tenez, madame, je vous parle comme cela, tout franchement, quoique je voie bien ce que vous pensez de moi, et vous avez raison... Mais vous êtes la seule femme honnête à qui j'aie parlé de ma vie, et vous avez l'air si bonne, si bonne !... que je me suis dit tout à l'heure en moi-même : Même quand elle me connaîtra, elle aura pitié de moi. Je m'en vais mourir, je ne vous demande qu'une chose... C'est, quand je serai morte, de faire dire une messe pour moi dans l'église où je vous ai vue pour la première fois. Une seule prière, voilà tout, et je vous remercie du fond du cœur...

— Non, vous ne mourrez pas! s'écria madame de Piennes fort émue. Dieu aura pitié de vous, pauvre pécheresse. Vous vous repentirez de vos désordres, et il vous pardonnera. Si mes prières peuvent quelque chose pour votre salut, elles ne vous manqueront pas. Ceux qui vous ont élevée sont plus coupables que vous. Ayez du courage seulement, et espérez. Tâchez surtout d'être plus calme, ma pauvre enfant. Il faut guérir le corps ;

l'âme est malade aussi, mais moi je réponds de sa guérison.

Elle s'était levée en parlant, et roulait entre ses doigts un papier qui contenait quelques louis.

— Tenez, dit-elle, si vous aviez quelque fantaisie... Et elle glissait sous son oreiller son petit présent.

— Non, madame! s'écria Arsène impétueusement en repoussant le papier, je ne veux rien de vous que ce que vous m'avez promis. Adieu. Nous ne nous reverrons plus. Faites-moi porter dans un hôpital, pour que je finisse sans gêner personne. Jamais vous ne pourriez faire de moi rien qui vaille. Une grande dame comme vous aura prié pour moi; je suis contente. Adieu.

Et, se tournant autant que le lui permettait l'appareil qui la fixait sur son lit, elle cacha sa tête dans un oreiller pour ne plus rien voir.

— Écoutez, Arsène, dit madame de Piennes d'un ton grave. J'ai des desseins sur vous. Je veux faire de vous une honnête femme. J'en ai l'assurance dans votre repentir. Je vous reverrai souvent, j'aurai soin de vous. Un jour, vous me devrez votre propre estime. — Et elle lui prit la main qu'elle serra légèrement.

— Vous m'avez touchée! s'écria la pauvre fille, vous m'avez pressé la main.

Et avant que madame de Piennes pût retirer sa main, elle l'avait saisie et la couvrait de baisers et de larmes.

— Calmez-vous, calmez-vous, ma chère, disait madame de Piennes. Ne me parlez plus de rien. Maintenant je sais tout, et je vous connais mieux que vous ne vous connaissez vous-même. C'est moi qui suis le médecin de votre tête... de votre mauvaise tête. Vous m'obéirez, je l'exige, tout comme à votre autre docteur. Je vous enverrai un ecclésiastique de mes amis, vous l'écouterez. Je vous choisirai de bons livres, vous les lirez. Nous causerons quelquefois. Quand vous vous porterez bien, alors nous nous occuperons de votre avenir.

La garde rentra, tenant une fiole qu'elle rapportait de chez le pharmacien. Arsène pleurait toujours. Madame de Piennes lui serra encore une fois la main, mit le rouleau de louis sur la petite table, et sortit disposée peut-être encore plus favorablement pour sa pénitente qu'avant d'avoir entendu son étrange confession.

— Pourquoi, madame, aime-t-on toujours les mauvais sujets? Depuis l'enfant prodigue jusqu'à votre chien Diamant, qui mord tout le monde et qui est la plus méchante bête que je connaisse, on inspire d'autant plus d'intérêt qu'on en mérite moins. — Vanité! pure vanité, madame, que ce sentiment-là! plaisir de la difficulté vaincue! Le père de l'enfant prodigue a vaincu le diable et lui a retiré sa proie; vous avez triomphé du mauvais naturel de Diamant à force de gimblettes. Madame de Piennes était fière d'avoir vaincu la perversité d'une courtisane, d'avoir détruit par son éloquence les barrières que vingt années de séduction avaient élevées autour d'une pauvre âme abandonnée. Et puis, peut-être encore, faut-il le dire? à l'orgueil de cette victoire, au plaisir d'avoir fait une bonne action se mêlait ce sentiment de curiosité que mainte femme vertueuse éprouve à connaître une femme d'une autre espèce. Lorsqu'une cantatrice entre dans un salon, j'ai remarqué d'étranges regards tournés sur elle. Ce ne sont pas les hommes qui l'observent le plus. Vous-même, madame, l'autre soir, aux Français, ne regardiez-vous pas de toute votre lorgnette cette actrice des Variétés qu'on vous montra dans une loge? *Comment peut-on être Persan?* Combien de fois ne se fait-on pas des questions semblables! Donc, madame, madame de Piennes pensait fort à mademoiselle Arsène Guillot, et se disait : Je la sauverai.

Elle lui envoya un prêtre, qui l'exhorta au repentir. Le repentir n'était pas difficile pour la pauvre Arsène, qui, sauf quelques heures de grosse joie, n'avait connu de la vie que ses misères. Dites à un malheureux : C'est votre faute, il n'en est que trop convaincu ; et si en même temps vous adoucissez le reproche en lui donnant quelque consolation, il vous bénira et vous promettra tout pour l'avenir. Un Grec dit quelque part, ou plutôt c'est Amyot qui lui fait dire :

> Le même jour qui met un homme libre aux fers
> Lui ravit la moitié de sa vertu première.

Ce qui revient en vile prose à cet aphorisme, que le malheur nous rend doux et dociles comme des moutons. Le prêtre disait à madame de Piennes que mademoiselle Guillot était bien ignorante, mais que le fond n'était pas mauvais, et qu'il avait bon espoir de son salut. En effet, Arsène l'écoutait avec attention et respect. Elle lisait ou se faisait lire les livres qu'on lui avait prescrits, aussi ponctuelle à obéir à madame de Piennes qu'à suivre les ordonnances du docteur. Mais ce qui acheva de gagner le cœur du bon prêtre, et ce qui parut à sa protectrice un symptôme décisif de guérison morale, ce fut l'emploi fait par Arsène Guillot d'une partie de la petite somme mise entre ses mains. Elle avait demandé qu'une messe solennelle fût dite à

Saint-Roch pour l'âme de Paméla Guillot, sa défunte mère. Assurément, jamais âme n'eut plus grand besoin des prières de l'Église.

II.

Un matin, madame de Piennes étant à sa toilette, un domestique vint frapper discrètement à la porte du sanctuaire, et remit à mademoiselle Joséphine une carte qu'un jeune homme venait d'apporter.

— Max à Paris! s'écria madame de Piennes en jetant les yeux sur la carte; allez vite, mademoiselle, dites à M. de Salligny de m'attendre au salon.

Un moment après, on entendit dans le salon des rires et de petits cris étouffés, et mademoiselle Joséphine rentra fort rouge et avec son bonnet tout à fait sur une oreille.

— Qu'est-ce donc, mademoiselle? demanda madame de Piennes.

— Ce n'est rien, madame; c'est seulement M. de Salligny qui disait que j'étais engraissée.

En effet, l'embonpoint de mademoiselle Joséphine pouvait étonner M. de Salligny qui voyageait depuis plus de deux ans. Jadis c'était un des favoris de mademoiselle Joséphine et un des attentifs de sa maîtresse. Neveu d'un ami intime de madame de Piennes, on le voyait sans cesse chez elle autrefois, à la suite de sa tante. D'ailleurs, c'était presque la seule maison sérieuse où il parût. Max de Salligny avait le renom d'un assez mauvais sujet, joueur, querelleur, viveur, *au demeurant le meilleur fils du monde*. Il faisait le désespoir de sa tante, madame Aubrée, qui l'adorait cependant. Mainte fois elle avait essayé de le tirer de la vie qu'il menait, mais toujours les mauvaises habitudes avaient triomphé de ses sages conseils. Max avait quelque deux ans de plus que madame de Piennes; ils s'étaient connus enfants, et, avant qu'elle fût mariée, il paraissait la voir d'un œil fort doux. — « Ma chère petite, disait madame Aubrée, si vous vouliez, vous dompteriez, j'en suis sûre, ce caractère-là. » Madame de Piennes, — elle s'appelait alors Élise de Guiscard, — aurait peut-être trouvé en elle le courage de tenter l'entreprise, car Max était si gai, si drôle, si amusant dans un château, si infatigable dans un bal, qu'assurément il devait faire un bon mari; mais les parents d'Élise voyaient plus loin. Madame Aubrée elle-même ne répondait pas trop de son neveu; il fut constaté qu'il avait des dettes et une maîtresse ; survint un duel éclatant dont une artiste du Gymnase fut la cause peu innocente. Le mariage, que madame Aubrée n'avait jamais eu bien sérieusement en vue, fut déclaré impossible. Alors se présenta M. de Piennes, gentilhomme grave et moral, riche d'ailleurs et de bonne maison. J'ai peu de chose à vous en dire, si ce n'est qu'il avait la réputation d'un galant homme et qu'il la méritait. Il parlait peu ; mais lorsqu'il ouvrait la bouche, c'était pour dire quelque grande vérité incontestable. Sur les questions douteuses, « il imitait de Conrart le silence prudent. » S'il n'ajoutait pas un grand charme aux réunions où il se trouvait, il n'était déplacé nulle part. On l'aimait assez partout, à cause de sa femme, mais lorsqu'il était absent, — dans ses terres, comme c'était le cas neuf mois de l'année, et notamment au moment où commence mon histoire, — personne ne s'en apercevait. Sa femme elle-même ne s'en apercevait guère davantage.

Madame de Piennes, ayant achevé sa toilette en cinq minutes, sortit de sa chambre un peu émue, car l'arrivée de Max de Salligny lui rappelait la mort récente de la personne qu'elle avait le mieux aimée ; c'est, je crois, le seul souvenir qui se fût présenté à sa mémoire, et ce souvenir était assez vif pour arrêter toutes les conjectures ridicules qu'une personne moins raisonnable aurait pu former sur le bonnet de travers de mademoiselle Joséphine. En approchant du salon, elle fut un peu choquée d'entendre une belle voix de basse qui chantait gaiement, en s'accompagnant sur le piano, cette barcarolle napolitaine :

> Addio, Teresa,
> Teresa, addio !
> Al mio ritorno,
> Ti sposerò.

Elle ouvrit la porte et interrompit le chanteur en lui tendant la main :

— Mon pauvre monsieur Max, que j'ai de plaisir à vous revoir !

Max se leva précipitamment et lui serra la main en la regardant d'un air effaré, sans pouvoir trouver une parole.

— J'ai bien regretté, continua madame de Piennes, de ne pouvoir aller à Rome lorsque votre bonne tante est tombée malade. Je sais les soins dont vous l'avez entourée, et je vous remercie bien du dernier souvenir d'elle que vous m'avez envoyé.

La figure de Max, naturellement gaie, pour ne pas

dire rieuse, prit une expression soudaine de tristesse :
— Elle m'a bien parlé de vous, dit-il, et jusqu'au dernier moment. Vous avez reçu sa bague, je le vois, et le livre qu'elle lisait encore le matin...

— Oui, Max, je vous en remercie. Vous m'annonciez, en m'envoyant ce triste présent, que vous quittiez Rome, mais vous ne me donniez pas votre adresse; je ne savais où vous écrire. Pauvre amie! mourir si loin de son pays! Heureusement vous êtes accouru aussitôt... Vous êtes meilleur que vous ne voulez le paraître, Max... je vous connais bien.

— Ma tante me disait pendant sa maladie : « Quand je ne serai plus de ce monde, il n'y aura plus que madame de Piennes pour te gronder... (Et il ne put s'empêcher de sourire.) Tâche qu'elle ne te gronde pas trop souvent. » Vous le voyez, madame; vous vous acquittez mal de vos fonctions.

— J'espère que j'aurai une sinécure maintenant. On me dit que vous êtes réformé, rangé, devenu tout à fait raisonnable?

— Et vous ne vous trompez pas, madame; j'ai promis à ma pauvre tante de devenir bon sujet, et...

— Vous tiendrez parole, j'en suis sûre!

— Je tâcherai. En voyage c'est plus facile qu'à Paris;

cependant... Tenez, madame, je ne suis ici que depuis quelques heures, et déjà j'ai résisté à des tentations. En venant chez vous, j'ai rencontré un de mes anciens amis qui m'a invité à dîner avec un tas de garnements, — et j'ai refusé.

— Vous avez bien fait.

— Oui, mais faut-il vous le dire? c'est que j'espérais que vous m'inviteriez.

— Quel malheur! Je dîne en ville. Mais demain...

— En ce cas, je ne réponds plus de moi. A vous la responsabilité du dîner que je vais faire.

— Écoutez, Max : l'important, c'est de bien commencer. N'allez pas à ce dîner de garçons. Je dîne, moi, chez madame Darsenay; venez-y le soir, et nous causerons.

— Oui, mais madame Darsenay est un peu bien ennuyeuse; elle me fera cent questions. Je ne pourrai vous dire un mot; je dirai des inconvenances; et puis, elle a une grande fille osseuse, qui n'est peut-être pas encore mariée...

— C'est une personne charmante... et, à propos d'inconvenances, c'en est une de parler d'elle comme vous faites.

— J'ai tort, c'est vrai; mais... arrivé d'aujourd'hui, n'aurais-je pas l'air bien empressé?...

— Eh bien, vous ferez comme vous voudrez; mais voyez-vous, Max,... comme l'amie de votre tante, j'ai le droit de vous parler franchement : évitez vos connaissances d'autrefois. Le temps a dû rompre tout naturellement bien des liaisons qui ne vous valaient rien; ne les renouez pas : je suis sûre de vous tant que vous ne serez pas entraîné. A votre âge... à *notre* âge, il faut être raisonnable. Mais laissons un peu les conseils et les sermons, et parlez-moi de ce que vous avez fait depuis que nous ne nous sommes vus. Je sais que vous êtes allé en Allemagne, puis en Italie; voilà tout. Vous m'avez écrit deux fois, sans plus; qu'il vous en souvienne. Deux lettres en deux ans, vous sentez que cela ne m'en a guère appris sur votre compte.

— Mon Dieu! madame, je suis bien coupable... mais je suis si... il faut bien le dire, — si paresseux!... J'ai commencé vingt lettres pour vous; mais que pouvais-je vous dire qui vous intéressât?... Je ne sais pas écrire des lettres, moi... Si je vous avais écrit toutes les fois que j'ai pensé à vous, tout le papier de l'Italie n'aurait pu y suffire.

— Eh bien, qu'avez-vous fait? comment avez-vous

occupé votre temps! Je sais déjà que ce n'est point à écrire.

— Occupé!... vous savez bien que je ne m'occupe pas, malheureusement. — J'ai vu, j'ai couru. J'avais des projets de peinture, mais la vue de tant de beaux tableaux m'a radicalement guéri de ma passion malheureuse. — Ah!... et puis le vieux Nibby avait fait de moi presque un antiquaire. Oui, j'ai fait faire une fouille à sa persuasion... On a trouvé une pipe cassée et je ne sais combien de vieux tessons... Et puis à Naples j'ai pris des leçons de chant, mais je n'en suis pas plus habile... J'ai...

— Je n'aime pas trop votre musique, quoique vous ayez une belle voix et que vous chantiez bien. Cela vous met en relation avec des gens que vous n'avez que trop de penchant à fréquenter.

— Je vous entends; mais à Naples, quand j'y étais, il n'y avait guère de danger. La prima donna pesait cent cinquante kilogrammes, et la seconda donna avait la bouche comme un four et un nez comme la tour du Liban. Enfin, deux ans se sont passés sans que je puisse dire comment. Je n'ai rien fait, rien appris, mais j'ai vécu deux ans sans m'en apercevoir.

— Je voudrais vous savoir occupé; je voudrais vous

voir un goût vif pour quelque chose d'utile. Je redoute l'oisiveté pour vous.

— A vous parler franchement, madame, les voyages m'ont réussi en cela que, ne faisant rien, je n'étais pas non plus absolument oisif. Quand on voit de belles choses, on ne s'ennuie pas; et moi, quand je m'ennuie, je suis bien près de faire des bêtises. Vrai, je suis devenu assez rangé, et j'ai même oublié un certain nombre de manières expéditives que j'avais de dépenser mon argent. Ma pauvre tante a payé mes dettes, et je n'en ai plus fait, je ne veux plus en faire. J'ai de quoi vivre en garçon; et, comme je n'ai pas la prétention de paraître plus riche que je ne suis, je ne ferai plus d'extravagances. Vous souriez? Est-ce que vous ne croyez pas à ma conversion? Il vous faut des preuves? Écoutez un beau trait. Aujourd'hui, Famin, l'ami qui m'a invité à dîner, a voulu me vendre son cheval. Cinq mille francs... C'est une bête superbe! Le premier mouvement a été pour avoir le cheval, puis je me suis dit que je n'étais pas assez riche pour mettre cinq mille francs à une fantaisie, et je resterai à pied.

— C'est à merveille, Max; mais savez-vous ce qu'il faut faire pour continuer sans encombre dans cette bonne voie? Il faut vous marier.

— Ah! me marier?... Pourquoi pas?... Mais qui voudra de moi? Moi, qui n'ai pas le droit d'être difficile, je voudrais une femme!... Oh! non, il n'y en a plus qui me convienne...

Madame de Piennes rougit un peu, et il continua sans s'en apercevoir :

— Une femme qui voudrait de moi... Mais savez-vous, madame, que ce serait presque une raison pour que je ne voulusse pas d'elle?

— Pourquoi cela? quelle folie!

— Othello ne dit-il pas quelque part, — c'est, je crois, pour se justifier à lui-même les soupçons qu'il a contre Desdemone : — Cette femme-là doit avoir une tête bizarre et des goûts dépravés, pour m'avoir choisi, moi qui suis noir! — Ne puis-je pas dire à mon tour : Une femme qui voudrait de moi ne peut qu'avoir tête baroque?

— Vous avez été un assez mauvais sujet, M., pour qu'il soit inutile de vous faire pire que vous êtes. Gardez-vous de parler ainsi de vous-même, car il y a des gens qui vous croiraient sur parole. Pour moi, j'en suis sûre, si un jour... oui, si vous aimiez bien une femme qui aurait toute votre estime... alors vous lui paraî-triez...

Madame de Piennes éprouvait quelque difficulté à terminer sa phrase, et Max, qui la regardait fixement avec une extrême curiosité, ne l'aidait nullement à trouver une fin pour sa période mal commencée. — Vous voulez dire, reprit-il enfin, que, si j'étais réellement amoureux, on m'aimerait, parce qu'alors j'en vaudrais la peine?

— Oui, alors vous seriez digne d'être aimé aussi.

— S'il ne fallait qu'aimer pour être aimé… Ce n'est pas trop vrai ce que vous dites, madame… Bah! trouvez-moi une femme courageuse, et je me marie. Si elle n'est pas trop laide, moi je ne suis pas assez vieux pour ne pas m'enflammer encore… Vous me répondez du reste.

— D'où venez-vous, maintenant? interrompit madame de Piennes d'un air sérieux.

Max parla de ses voyages fort laconiquement, mais pourtant de manière à prouver qu'il n'avait pas fait comme ces touristes dont les Grecs disent : *Valise il est parti, valise revenu* (1). Ses courtes observations dénotaient un esprit juste et qui ne prenait pas ses opinions

(1) Μπάουλε ἐρθθλοσ, μπάουλε ἐγύρισεν.

toutes faites, bien qu'il fût réellement plus cultivé qu'il ne voulait le paraître. Il se retira bientôt, remarquant que madame de Piennes tournait la tête vers la pendule, et promit, non sans quelque embarras, qu'il irait le soir chez madame Darsenay.

Il n'y vint pas cependant, et madame de Piennes en conçut un peu de dépit. En revanche, il était chez elle le lendemain matin pour lui demander pardon, s'excusant sur la fatigue du voyage qui l'avait obligé de demeurer chez lui; mais il baissait les yeux et parlait d'un ton si mal assuré, qu'il n'était pas nécessaire d'avoir l'habileté de madame de Piennes à deviner les physionomies, pour s'apercevoir qu'il donnait une défaite. Quand il eut achevé péniblement, elle le menaça du doigt sans répondre.

— Vous ne me croyez pas? dit-il.

— Non. Heureusement vous ne savez pas encore mentir. Ce n'est pas pour vous reposer de vos fatigues que vous n'êtes pas allé hier chez madame Darsenay. Vous n'êtes pas resté chez vous.

— Eh bien, répondit Max en s'efforçant de sourire, vous avez raison. J'ai dîné au Rocher-de-Cancale avec ces vauriens, puis je suis allé prendre du thé chez Famin; on n'a pas voulu me lâcher, et puis j'ai joué.

— Et vous avez perdu, cela va sans dire?

— Non, j'ai gagné.

— Tant pis. J'aimerais mieux que vous eussiez perdu, surtout si cela pouvait vous dégoûter à jamais d'une habitude aussi sotte que détestable.

Elle se pencha sur son ouvrage et se mit à travailler avec une application un peu affectée.

— Y avait-il beaucoup de monde chez madame Darsenay? demanda Max timidement.

— Non, peu de monde.

— Pas de demoiselles à marier?...

— Non.

— Je compte sur vous, cependant, madame. Vous savez ce que vous m'avez promis?

— Nous avons le temps d'y songer.

Il y avait dans le ton de madame de Piennes quelque chose de sec et de contraint qui ne lui était pas ordinaire. Après un silence, Max reprit d'un air bien humble: — Vous êtes mécontente de moi, madame? Pourquoi ne me grondez-vous pas bien fort, comme faisait ma tante, pour me pardonner ensuite? Voyons, voulez-vous que je vous donne ma parole de ne plus jouer jamais?

— Quand on fait une promesse, il faut se sentir la force de la tenir.

— Une promesse faite à vous, madame, je la tiendrai ; je m'en crois la force et le courage.

— Eh bien, Max, je l'accepte, dit-elle en lui tendant la main.

— J'ai gagné onze cents francs, poursuivit-il ; les voulez-vous pour vos pauvres ? Jamais argent plus mal acquis n'aura trouvé meilleur emploi.

Elle hésita un moment.

— Pourquoi pas ? se dit-elle tout haut. Allons, Max, vous vous souviendrez de la leçon. Je vous inscris mon débiteur pour onze cents francs.

— Ma tante disait que le meilleur moyen pour n'avoir pas de dettes, c'est de payer toujours comptant.

En parlant, il tirait son portefeuille pour y prendre des billets. Dans le portefeuille entr'ouvert, madame de Piennes crut voir un portrait de femme. Max s'aperçut qu'elle regardait, rougit, et se hâta de fermer le portefeuille et de présenter les billets.

— Je voudrais bien voir ce portefeuille... si cela était possible, ajouta-t-elle en souriant avec malice.

Max était complétement déconcerté : il balbutia quelques mots inintelligibles et s'efforça de détourner l'attention de madame de Piennes.

La première pensée de celle-ci avait été que le portefeuille renfermait le portrait de quelque belle Italienne; mais le trouble évident de Max et la couleur générale de la miniature, — c'était tout ce qu'elle en avait pu voir, — avaient bientôt éveillé chez elle un autre soupçon. Autrefois elle avait donné son portrait à madame Aubrée; et elle s'imagina que Max, en sa qualité d'héritier direct, s'était cru le droit de se l'approprier. Cela lui parut une énorme inconvenance. Cependant elle n'en marqua rien d'abord; mais lorsque M. de Salligny allait se retirer : — A propos, lui dit-elle, votre tante avait un portrait de moi, que je voudrais bien revoir.

— Je ne sais... quel portrait?... comment était-il? demanda Max d'une voix mal assurée.

Cette fois, madame de Piennes était déterminée à ne pas s'apercevoir qu'il mentait.

— Cherchez-le, lui dit-elle le plus naturellement qu'elle put. Vous me ferez plaisir.

N'était le portrait, elle était assez contente de la docilité de Max, et se promettait bien de sauver encore une brebis égarée.

Le lendemain, Max avait retrouvé le portrait et le

rapporta d'un air assez indifférent. Il remarqua que la ressemblance n'avait jamais été grande, et que le peintre lui avait donné une roideur de pose et une sévérité dans l'expression qui n'avaient rien de naturel. De ce moment, ses visites à madame de Piennes furent moins longues, et il avait auprès d'elle un air boudeur qu'elle ne lui avait jamais vu. Elle attribua cette humeur au premier effort qu'il avait à faire pour tenir ses promesses et résister à ses mauvais penchants.

Une quinzaine de jours après l'arrivée de M. de Salligny, madame de Piennes allait voir à son ordinaire sa protégée Arsène Guillot, qu'elle n'avait point oubliée cependant, ni vous non plus, madame, je l'espère. Après lui avoir fait quelques questions sur sa santé et sur les instructions qu'elle recevait, remarquant que la malade était encore plus oppressée que les jours précédents, elle lui offrit de lui faire la lecture pour qu'elle ne se fatiguât point à parler. La pauvre fille eût sans doute aimé mieux causer qu'écouter une lecture telle que celle qu'on lui proposait, car vous pensez bien qu'il s'agissait d'un livre fort sérieux, et Arsène n'avait jamais lu que des romans de cuisinières. C'était un livre de piété que prit madame de Piennes; et je ne vous le nommerai pas, d'abord pour ne pas faire tort à son auteur, ensuite parce que vous m'accuseriez peut-être de vouloir tirer quelque méchante conclusion contre ces sortes d'ouvrages en général. Suffit que le livre en question était d'un jeune homme de dix-neuf ans, et spécialement approprié à la réconciliation des pécheresses endurcies; qu'Arsène était très-accablée, et qu'elle n'avait pu fermer l'œil la nuit précédente. A la troisième page, il arriva ce qui serait arrivé avec tout autre ouvrage, sérieux ou non; il advint, ce qui était inévitable : je veux dire que mademoiselle Guillot ferma les yeux et s'endormit. Madame de Piennes s'en aperçut et se félicita de l'effet calmant qu'elle venait de produire. Elle baissa d'abord la voix pour ne pas réveiller la malade en s'arrêtant tout à coup, puis elle posa le livre et se leva doucement pour sortir sur la pointe du pied; mais la garde avait coutume de descendre chez la portière lorsque madame de Piennes venait, car ses visites ressemblaient un peu à celles d'un confesseur. Madame de Piennes voulut attendre le retour de la garde; et comme elle était la personne du monde la plus ennemie de l'oisiveté, elle chercha quelque emploi à faire des minutes qu'elle allait passer auprès de la dormeuse. Dans un petit cabinet derrière l'alcôve, il y avait une table avec de l'encre et du papier; elle s'y assit et se mit à écrire un billet. Tandis qu'elle cherchait un pain à cacheter dans un tiroir de la table, quelqu'un entra brusquement dans la chambre, qui réveilla la malade. — Mon Dieu! qu'est-ce que je vois? s'écria Arsène d'une voix si altérée, que madame de Piennes en frémit.

— Eh bien, j'en apprends de belles! Qu'est-ce que cela veut dire? Se jeter par la fenêtre comme une imbécile! A-t-on jamais vu une tête comme celle de cette fille-là!

Je ne sais si je rapporte exactement les termes; c'est du moins le sens de ce que disait la personne qui venait d'entrer, et qu'à la voix madame de Piennes reconnut aussitôt pour Max de Salligny. Suivirent quelques exclamations, quelques cris étouffés d'Arsène, puis un embrassement assez sonore. Enfin Max reprit : — Pauvre Arsène, en quel état te retrouvé-je? Sais-tu que je ne t'aurais jamais dénichée, si Julie ne m'eût dit ta dernière adresse? Mais a-t-on jamais vu folie pareille!

— Ah! Salligny! Salligny! que je suis heureuse! Mais comme je me repens de ce que j'ai fait! Tu ne vas plus me trouver gentille. Tu ne voudras plus de moi?...

— Bête que tu es, disait Max, pourquoi ne pas m'écrire que tu avais besoin d'argent? Pourquoi ne pas en demander au commandant? Qu'est donc devenu ton Russe? Est-ce qu'il est parti, ton Cosaque?

En reconnaissant la voix de Max, madame de Piennes avait été d'abord presque aussi étonnée qu'Arsène. La surprise l'avait empêchée de se montrer aussitôt; puis elle s'était mise à réfléchir si elle devait ou non se montrer, et lorsqu'on réfléchit en écoutant on ne se décide pas vite. Il résulta de tout cela qu'elle entendit l'édifiant dialogue que je viens de rapporter; mais alors elle comprit que, si elle demeurait dans le cabinet, elle était exposée à en entendre bien davantage. Elle prit son parti, et entra dans la chambre avec ce maintien calme et superbe que les personnes vertueuses ne perdent que rarement, et qu'elles commandent au besoin.

— Max, dit-elle, vous faites du mal à cette pauvre fille; retirez-vous. Vous viendrez me parler dans une heure.

Max était devenu pâle comme un mort en voyant apparaître madame de Piennes dans un lieu où il ne se serait jamais attendu à la rencontrer; son premier mouvement fut d'obéir, et il fit un pas vers la porte.

— Tu t'en vas!... ne t'en va pas! s'écria Arsène en se soulevant sur son lit d'un effort désespéré.

— Mon enfant, dit madame de Piennes en lui prenant la main, soyez raisonnable. Écoutez-moi. Rappelez-vous ce que vous m'avez promis! Puis elle jeta un regard calme, mais impérieux à Max, qui sortit aussitôt. Arsène retomba sur le lit; en le voyant sortir, elle s'était évanouie.

Madame de Piennes et la garde, qui rentra peu après, la secoururent avec l'adresse qu'ont les femmes en ces sortes d'accidents. Par degrés, Arsène reprit connaissance. D'abord elle promena ses regards par toute la chambre, comme pour y chercher celui qu'elle se rappelait y avoir vu tout à l'heure; puis elle tourna ses grands yeux noirs vers madame de Piennes, et la regardant fixement :

— C'est votre mari? dit-elle.

— Non, répondit madame de Piennes en rougissant un peu, mais sans que la douceur de sa voix en fût altérée; M. de Salligny est mon parent. — Elle crut pouvoir se permettre ce petit mensonge pour expliquer l'empire qu'elle avait sur lui.

— Alors, dit Arsène, c'est vous qu'il aime! Et elle attachait toujours sur elle ses yeux ardents comme deux flambeaux.

— Il!... Un éclair brilla sur le front de madame de Piennes. Un instant, ses joues se colorèrent d'un vif incarnat, et sa voix expira sur ses lèvres; mais elle reprit bientôt sa sérénité. — Vous vous méprenez, ma pauvre enfant, dit-elle d'un ton grave. M. de Salligny a compris qu'il avait tort de vous rappeler des souvenirs qui sont heureusement loin de votre mémoire. Vous avez oublié...

— Oublié! s'écria Arsène avec un sourire de damné qui faisait mal à voir.

— Oui, Arsène, vous avez renoncé à toutes les folles idées d'un temps qui ne reviendra plus. Pensez, ma pauvre enfant, que c'est à cette coupable liaison que vous devez tous vos malheurs. Pensez...

— Il ne vous aime pas! interrompit Arsène sans l'écouter, il ne vous aime pas, et il comprend un seul regard! J'ai vu vos yeux et les siens. Je ne me trompe pas... Au fait... c'est juste! Vous êtes belle, jeune, brillante... moi, estropiée, défigurée... près de mourir...

Elle ne put achever: des sanglots étouffèrent sa voix, si forts, si douloureux, que la garde s'écria qu'elle allait chercher le médecin; car, disait-elle, M. le docteur ne craignait rien tant que ces convulsions, et si cela dure la pauvre petite va passer.

Peu à peu l'espèce d'énergie qu'Arsène avait trouvée dans la vivacité même de sa douleur fit place à un abattement stupide, que madame de Piennes prit pour du calme. Elle continua ses exhortations ; mais Arsène, immobile, n'écoutait pas toutes les belles et bonnes raisons qu'on lui donnait pour préférer l'amour divin à l'amour terrestre ; ses yeux étaient secs, ses dents serrées convulsivement. Pendant que sa protectrice lui parlait du ciel et de l'avenir, elle songeait au présent. L'arrivée subite de Max avait réveillé en un instant chez elle de folles illusions, mais le regard de madame de Piennes les avait dissipées encore plus vite. Après un rêve heureux d'une minute, Arsène ne retrouvait plus que la triste réalité, devenue cent fois plus horrible pour avoir été un moment oubliée.

Votre médecin vous dira, madame, que les naufragés, surpris par le sommeil au milieu des angoisses de la faim, rêvent qu'ils sont à table et font bonne chère. Ils se réveillent encore plus affamés, et voudraient n'avoir pas dormi. Arsène souffrait une torture comparable à celle de ces naufragés. Autrefois elle avait aimé Max, comme elle pouvait aimer. C'était avec lui qu'elle aurait voulu toujours aller au spectacle, c'est avec lui qu'elle s'amusait dans une partie de campagne, c'est de lui qu'elle parlait sans cesse à ses amies. Lorsque Max partit, elle avait beaucoup pleuré ; mais cependant elle avait agréé les hommages d'un Russe que Max était charmé d'avoir pour successeur, parce qu'il le tenait pour galant homme, c'est-à-dire pour généreux. Tant qu'elle put mener la vie folle des femmes de son espèce, son amour pour Max ne fut qu'un souvenir agréable qui la faisait soupirer quelquefois. Elle y pensait comme on pense aux amusements de son enfance, que personne cependant ne voudrait recommencer ; mais quand Arsène n'eut plus d'amants, qu'elle se trouva délaissée, qu'elle sentit tout le poids de la misère et de la honte, alors son amour pour Max s'épura en quelque sorte, parce que c'était le seul souvenir qui ne réveillât chez elle ni regrets ni remords. Il la relevait même à ses propres yeux, et plus elle se sentait avilie, plus elle grandissait Max dans son imagination. J'ai été sa maîtresse, il m'a aimée, se disait-elle avec une sorte d'orgueil lorsqu'elle était saisie de dégoût en réfléchissant sur sa vie de courtisane. Dans les marais de Minturnes, Marius raffermissait son courage en se disant : J'ai vaincu les Cimbres ! La fille entretenue,—hélas ! elle ne l'était plus,— n'avait pour résister à la honte et au désespoir que ce souvenir : Max m'a aimée... Il m'aime encore ! Un moment, elle avait pu le penser ; mais maintenant on venait lui arracher jusqu'à ses souvenirs, seul bien qui lui restât au monde.

Pendant qu'Arsène s'abandonnait à ses tristes réflexions, madame de Piennes lui démontrait avec chaleur la nécessité de renoncer pour toujours à ce qu'elle appelait ses égarements criminels. Une forte conviction rend presque insensible ; et comme un chirurgien applique le fer et le feu sur une plaie sans écouter les cris du patient, madame de Piennes poursuivait sa tâche avec une impitoyable fermeté. Elle disait que cette époque de bonheur où la pauvre Arsène se réfugiait comme pour s'échapper à elle-même était un temps de crime et de honte qu'elle expiait justement aujourd'hui. Ces illusions, il fallait les détester et les bannir de son cœur ; l'homme qu'elle regardait comme son protecteur et presque comme un génie tutélaire, il ne devait plus être à ses yeux qu'un complice pernicieux, un séducteur qu'elle devait fuir à jamais.

Ce mot de séducteur, dont madame de Piennes ne pouvait pas sentir le ridicule, fit presque sourire Arsène au milieu de ses larmes ; mais sa digne protectrice ne s'en aperçut pas. Elle continua imperturbablement son exhortation, et la termina par une péroraison qui redoubla les sanglots de la pauvre fille, c'était : Vous ne le verrez plus.

Le médecin qui arriva et la prostration complète de

la malade rappelèrent à madame de Piennes qu'elle
en avait assez fait. Elle pressa la main d'Arsène, et
lui dit en la quittant : Du courage, ma fille, et Dieu
ne vous abandonnera pas.

Elle venait d'accomplir un devoir, il lui en restait
un second encore plus difficile. Un autre coupable
l'attendait, dont elle devait ouvrir l'âme au repentir ;
et malgré la confiance qu'elle puisait dans son zèle
pieux, malgré l'empire qu'elle exerçait sur Max, et
dont elle avait déjà des preuves, enfin, malgré la
bonne opinion qu'elle conservait au fond du cœur à
l'égard de ce libertin, elle éprouvait une étrange
anxiété en pensant au combat qu'elle allait engager.
Avant de commencer cette terrible lutte, elle voulut
reprendre des forces, et, entrant dans une église, elle
demanda à Dieu de nouvelles inspirations pour défendre sa cause.

Lorsqu'elle rentra chez elle, on lui dit que M. de
Salligny était au salon, et l'attendait, depuis assez
longtemps. Elle le trouva pâle, agité, rempli d'inquiétude. Ils s'assirent. Max n'osait ouvrir la bouche ; et
madame de Piennes, émue elle-même sans en savoir positivement la cause, demeura quelque temps sans parler et
ne le regardant qu'à la dérobée. Enfin elle commença :

— Max, dit-elle, je ne vous ferai pas de reproches...

Il leva la tête assez fièrement. Leurs regards se rencontrèrent, et il baissa les yeux aussitôt.

— Votre bon cœur, poursuivit-elle, vous en dit plus en ce moment que je ne pourrais le faire. C'est une leçon que la Providence a voulu vous donner ; j'en ai l'espoir, la conviction... elle ne sera pas perdue.

— Madame, interrompit Max, je sais à peine ce qui s'est passé. Cette malheureuse fille s'est jetée par la fenêtre, voilà ce qu'on m'a dit ; mais je n'ai pas la vanité... je veux dire la douleur... de croire que les relations que nous avons eues autrefois aient pu déterminer cet acte de folie.

— Dites plutôt, Max, que, lorsque vous faisiez le mal vous n'en aviez pas prévu les conséquences. Quand vous avez jeté cette jeune fille dans le désordre, vous ne pensiez pas qu'un jour elle attenterait à sa vie.

— Madame, s'écria Max avec quelque véhémence, permettez-moi de vous dire que je n'ai nullement séduit Arsène Guillot. Quand je l'ai connue, elle était toute séduite. Elle a été ma maîtresse, je ne le nie point. Je l'avouerai même, je l'ai aimée... comme on peut aimer une personne de cette classe... Je crois qu'elle a eu pour moi un peu plus d'attachement que pour un autre... Mais depuis longtemps toutes relations avaient cessé entre nous, et sans qu'elle en eût témoigné beaucoup de regret. La dernière fois que j'ai reçu de ses nouvelles, je lui ai fait tenir de l'argent; mais elle n'a pas d'ordre... Elle a eu honte de m'en demander encore, car elle a son orgueil à elle... La misère l'a poussée à cette terrible résolution... J'en suis désolé... Mais je vous le répète, madame, dans tout cela je n'ai aucun reproche à me faire.

Madame de Piennes chiffonna quelque ouvrage sur sa table, puis elle reprit :

— Sans doute, dans les idées du *monde,* vous n'êtes pas coupable, vous n'avez pas encouru de responsabilité ; mais il y a une autre morale que celle du monde, Max, et c'est par ses règles que j'aimerais à vous voir vous guider... Maintenant peut-être vous n'êtes pas en état de m'entendre. Laissons cela. Aujourd'hui, ce que j'ai à vous demander, c'est une promesse que vous ne me refuserez pas, j'en suis sûre. Cette malheureuse fille est touchée de repentir. Elle a écouté avec respect les conseils d'un vénérable ecclésiastique qui l'a bien voulu voir. Nous avons tout lieu d'espérer d'elle. — Vous,

vous ne devez plus la voir, car son cœur hésite encore entre le bien et le mal, et malheureusement vous n'avez ni la volonté, ni peut-être le pouvoir de lui être utile. En la revoyant, vous pourriez lui faire beaucoup de mal... C'est pourquoi je vous demande votre parole de ne plus aller chez elle.

Max fit un mouvement de surprise.

— Vous ne me refuserez pas, Max ; si votre tante vivait, elle vous ferait cette prière. Imaginez que c'est elle qui vous parle.

— Bon Dieu ! madame, que me demandez-vous ? Quel mal voulez-vous que je fasse à cette pauvre fille ? N'est-ce pas au contraire une obligation pour moi, qui... l'ai vue au temps de ses folies, de ne pas l'abandonner maintenant qu'elle est malade, et bien dangereusement malade, si ce que l'on me dit est vrai ?

— Voilà sans doute la morale du monde, mais ce n'est pas la mienne. Plus cette maladie est grave, plus il importe que vous ne la voyiez plus.

— Mais, madame, veuillez songer que, dans l'état où elle est, il serait impossible, même à la pruderie la plus facile à s'alarmer... Tenez, madame, si j'avais un chien malade, et si je savais qu'en me voyant il éprouvât quelque plaisir, je croirais faire une mauvaise action en le laissant crever seul. Il ne se peut pas que vous pensiez autrement, vous qui êtes si bonne et si charitable. Songez-y, madame ; de ma part, il y aurait vraiment de la cruauté.

— Tout à l'heure je vous demandais de me faire cette promesse au nom de votre bonne tante... au nom de l'amitié que vous avez pour moi... maintenant, c'est au nom de cette malheureuse fille elle-même que je vous le demande. Si vous l'aimez réellement...

— Ah ! madame, je vous en supplie, ne rapprochez pas ainsi des choses qui ne se peuvent comparer. Croyez-moi bien, madame, je souffre extrêmement à vous résister en quoi que ce soit ; mais, en vérité, je m'y crois obligé d'honneur... Ce mot vous déplaît? Oubliez-le. Seulement, madame, à mon tour, laissez-moi vous conjurer par pitié pour cette infortunée... et aussi un peu par pitié pour moi... Si j'ai eu des torts... si j'ai contribué à la retenir dans le désordre... je dois maintenant prendre soin d'elle. Il serait affreux de l'abandonner. Je ne me le pardonnerais pas. Non, je ne puis l'abandonner. Vous n'exigerez pas cela, madame...

— D'autres soins ne lui manqueront pas. Mais, répondez-moi, Max : vous l'aimez?

— Je l'aime... je l'aime... Non... je ne l'aime pas.

C'est un mot qui ne peut convenir ici... L'aimer : hélas! non. J'ai cherché auprès d'elle une distraction à un sentiment plus sérieux qu'il fallait combattre... Cela vous semble ridicule, incompréhensible?... La pureté de votre âme ne peut admettre que l'on cherche un pareil remède... Eh bien, ce n'est pas la plus mauvaise action de ma vie. Si nous autres hommes nous n'avions pas quelquefois la ressource de détourner nos passions... peut-être maintenant... peut-être serait-ce moi qui me serais jeté par la fenêtre... Mais, je ne sais ce que je dis, et vous ne pouvez m'entendre... je me comprends à peine moi-même.

— Je vous demandais si vous l'aimiez, reprit madame de Piennes les yeux baissés et avec quelque hésitation, parce que, si vous aviez de... de l'amitié pour elle, vous auriez sans doute le courage de lui faire un peu de mal pour lui faire ensuite un grand bien. Assurément, le chagrin de ne pas vous voir lui sera pénible à supporter; mais il serait bien plus grave de la détourner aujourd'hui de la voie dans laquelle elle est presque miraculeusement entrée. Il importe à son *salut*, Max, qu'elle oublie tout à fait un temps que votre présence lui rappellerait avec trop de vivacité.

Max secoua la tête sans répondre. Il n'était pas

croyant, et le mot de *salut,* qui avait tant de pouvoir sur madame de Piennes, ne parlait point aussi fortement à son âme. Mais sur ce point il n'y avait pas à contester avec elle. Il évitait toujours avec soin de lui montrer ses doutes, et cette fois encore il garda le silence ; cependant il était facile de voir qu'il n'était pas convaincu.

— Je vous parlerai le langage du monde, poursuivit madame de Piennes, si malheureusement c'est le seul que vous puissiez comprendre ; nous discutons, en effet, sur un calcul d'arithmétique. Elle n'a rien à gagner à vous voir, beaucoup à perdre ; maintenant, choisissez.

— Madame, dit Max d'une voix émue, vous ne doutez plus, j'espère, qu'il puisse y avoir d'autre sentiment de ma part à l'égard d'Arsène qu'un intérêt... bien naturel. Quel danger y aurait-il ? Aucun. Doutez-vous de moi ? Penseriez-vous que je veuille nuire aux bons conseils que vous lui donnez ? Eh ! mon Dieu ! moi qui déteste les spectacles tristes, qui les fuis avec une espèce d'horreur, croyez-vous que je recherche la vue d'une mourante avec des intentions coupables ? Je vous le répète, madame, c'est pour moi une idée de devoir, c'est une expiation, un châtiment si vous voulez, que je viens chercher auprès d'elle...

A ce mot, madame de Piennes releva la tête et le

regarda fixement d'un air exalté qui donnait à tous ses traits une expression sublime.

— Une expiation, dites-vous, un châtiment ?... Eh bien, oui ! A votre insu, Max, vous obéissez peut-être à un *avertissement d'en haut*, et vous avez raison de me résister... Oui, j'y consens. Voyez cette fille, et qu'elle devienne l'instrument de votre salut comme vous avez failli être celui de sa perte.

Probablement Max ne comprenait pas aussi bien que vous, madame, ce que c'est qu'un *avertissement d'en haut*. Ce changement de résolution si subit l'étonnait, il ne savait à quoi l'attribuer, il ne savait s'il devait remercier madame de Piennes d'avoir cédé à la fin ; mais en ce moment sa grande préoccupation était pour deviner si son obstination avait lassé ou bien convaincu la personne à laquelle il craignait par-dessus tout de déplaire.

— Seulement, Max, poursuivit madame de Piennes, j'ai à vous demander, ou plutôt j'exige de vous...

Elle s'arrêta un instant, et Max fit un signe de tête indiquant qu'il se soumettait à tout.

— J'exige, reprit-elle, que vous ne la voyiez qu'avec moi.

Il fit un geste d'étonnement, mais il se hâta d'ajouter qu'il obéirait.

— Je ne me fie pas absolument à vous, continua-t-elle en souriant. Je crains encore que vous ne gâtiez mon ouvrage, et je veux réussir. Surveillé par moi, vous deviendrez au contraire un aide utile, et, j'en ai l'espoir, votre soumission sera récompensée.

Elle lui tendit la main en disant ces mots. Il fut convenu que Max irait le lendemain voir Arsène Guillot, et que madame de Piennes le précéderait pour la préparer à cette visite.

Vous comprenez son projet. D'abord elle avait pensé qu'elle trouverait Max plein de repentir, et qu'elle tirerait facilement de l'exemple d'Arsène le texte d'un sermon éloquent contre ses mauvaises passions ; mais, contre son attente, il rejetait toute responsabilité. Il fallait changer d'exorde, et dans un moment décisif retourner une harangue étudiée, c'est une entreprise presque aussi périlleuse que de prendre un nouvel ordre de bataille au milieu d'une attaque imprévue. Madame de Piennes n'avait pu improviser une manœuvre. Au lieu de sermonner Max, elle avait discuté avec lui une question de convenance. Tout à coup une idée nouvelle s'était présentée à son esprit. Les remords de sa complice le toucheront, avait-elle pensé. La fin chrétienne d'une femme qu'il a aimée (et malheureusement elle ne pouvait douter qu'elle ne fût proche) portera sans doute un coup décisif. C'est sur un tel espoir qu'elle s'était subitement déterminée à permettre que Max revît Arsène. Elle y gagnait encore d'ajourner l'exhortation qu'elle avait projetée ; car, je crois vous l'avoir déjà dit, malgré son vif désir de sauver un homme dont elle déplorait les égarements, l'idée d'engager avec lui une discussion si sérieuse l'effrayait involontairement.

Elle avait beaucoup compté sur la bonté de sa cause ; elle doutait encore du succès, et ne pas réussir c'était désespérer du salut de Max, c'était se condamner à changer de sentiment à son égard. Le diable, peut-être pour éviter qu'elle se mît en garde contre la vive affection qu'elle portait à un ami d'enfance, le diable avait pris soin de justifier cette affection par une espérance chrétienne. Toutes armes sont bonnes au tentateur, et telles pratiques lui sont familières ; voilà pourquoi le Portugais dit fort élégamment : *De boâs intenções esta o inferno cheio:* L'enfer est pavé de bonnes intentions. Vous dites en français qu'il est pavé de langues de femmes, et cela revient au même ; car les femmes, à mon sens, veulent toujours le bien.

Vous me rappelez à mon récit. Le lendemain donc, madame de Piennes alla chez sa protégée, qu'elle trouva bien faible, bien abattue, mais pourtant plus calme et plus résignée qu'elle ne l'espérait. Elle reparla de M. de Salligny, mais avec plus de ménagement que la veille. Arsène, à la vérité, devait absolument renoncer à lui, et n'y penser que pour déplorer leur commun aveuglement. Elle devait encore, et c'était une partie de sa pénitence, elle devait montrer son repentir à Max lui-même, lui donner un exemple en changeant de vie, et lui assurer pour l'avenir la paix de conscience dont elle jouissait elle-même. A ces exhortations toutes chrétiennes, madame de Piennes ne négligea pas de joindre quelques arguments mondains : celui-ci, par exemple, qu'Arsène, aimant véritablement M. de Salligny, devait désirer son bien avant tout, et que, par son changement de conduite, elle mériterait l'estime d'un homme qui n'avait pu encore la lui accorder réellement.

Tout ce qu'il y avait de sévère et de triste dans ce discours s'effaça soudain lorsqu'en terminant madame de Piennes lui annonça qu'elle reverrait Max, et qu'il allait venir. A la vive rougeur qui anima subitement ses joues, depuis longtemps pâlies par la souffrance, à l'éclat extraordinaire dont brillèrent ses yeux, madame de Piennes faillit à se repentir d'avoir consenti à cette entrevue; mais il n'était plus temps de changer de résolution. Elle employa quelques minutes qui lui restaient avant l'arrivée de Max en exhortations pieuses et énergiques, mais elles étaient écoutées avec une distraction notable, car Arsène ne semblait préoccupée que d'arranger ses cheveux et d'ajuster le ruban chiffonné de son bonnet.

Enfin M. de Salligny parut, contractant tous ses traits pour leur donner un air de gaieté et d'assurance. Il lui demanda comment elle se portait, d'un ton de voix qu'il essaya de rendre naturel, mais qu'aucun rhume ne saurait donner. De son côté, Arsène n'était pas plus à son aise ; elle balbutiait, elle ne pouvait trouver une phrase, mais elle prit la main de madame de Piennes et la porta à ses lèvres comme pour la remercier. Ce qui se dit pendant un quart d'heure fut ce qui se dit partout entre gens embarrassés. Madame de Piennes seule conservait son calme ordinaire, ou plutôt, mieux préparée, elle se maîtrisait mieux. Souvent elle répondait pour Arsène, et celle-ci trouvait que son interprète rendait assez mal ses pensées. La conversation languissant, madame de Piennes remarqua que la malade toussait beaucoup, lui rappela que le médecin lui défendait de parler, et, s'adressant à Max, lui dit qu'il ferait mieux de faire une petite lecture que de fatiguer Arsène par ses questions. Aussitôt Max prit un livre avec empressement, et s'approcha de la fenêtre, car la chambre était un peu obscure. Il lut sans trop comprendre. Arsène ne comprenait pas davantage sans doute, mais elle avait l'air d'écouter avec un vif intérêt. Madame de Piennes travaillait à quelque ouvrage qu'elle avait apporté, la garde se pinçait pour ne pas dormir. Les yeux de madame de Piennes allaient sans cesse du lit à la fenêtre, jamais Argus ne fit si bonne garde avec les cent yeux qu'il avait. Au bout de quelques minutes, elle se pencha vers l'oreille d'Arsène : — Comme il lit bien ! lui dit-elle tout bas.

Arsène lui jeta un regard qui contrastait étrangement avec le sourire de sa bouche : — Oh ! oui, répondit-elle. Puis elle baissa les yeux, et de minute en minute une grosse larme paraissait au bord de ses cils et glissait sur ses joues sans qu'elle s'en aperçût. Max ne tourna pas la tête une seule fois. Après quelques pages, madame de Piennes dit à Arsène : — Nous allons vous laisser reposer, mon enfant. Je crains que nous ne vous ayons un peu fatiguée. Nous reviendrons bientôt vous voir. Elle se leva, et Max se leva comme son ombre. Arsène lui dit adieu sans presque le regarder.

— Je suis contente de vous, Max, dit madame de Piennes qu'il avait accompagnée jusqu'à sa porte, et d'elle encore plus. Cette pauvre fille est remplie de résignation. Elle vous donne un exemple.

— Souffrir et se taire, madame, est-ce donc si difficile à apprendre?

— Ce qu'il faut apprendre surtout, c'est à fermer son cœur aux mauvaises pensées.

Max la salua et s'éloigna rapidement.

Lorsque madame de Piennes revit Arsène le lendemain, elle la trouva contemplant un bouquet de fleurs rares placé sur une petite table auprès de son lit.

— C'est M. de Salligny qui me les a envoyées, dit-elle. On est venu de sa part demander comment j'étais. Lui, n'est pas monté.

— Ces fleurs sont fort belles, dit madame de Piennes un peu sèchement.

— J'aimais beaucoup les fleurs autrefois, dit la malade en soupirant, et il me gâtait... M. de Salligny me gâtait en me donnant toutes les plus jolies qu'il pouvait trouver... Mais cela ne me vaut plus rien à présent... Cela sent trop fort... Vous devriez prendre ce bouquet, madame; il ne se fâchera pas si je vous le donne.

— Non, ma chère; ces fleurs vous font plaisir à regarder, reprit madame de Piennes d'un ton plus doux, car elle avait été très-émue de l'accent profondément triste de la pauvre Arsène. Je prendrai celles qui ont de l'odeur, gardez les camellias.

— Non. Je déteste les camellias... Ils me rappellent la seule querelle que nous ayons eue... quand j'étais avec lui.

— Ne pensez plus à ces folies, ma chère enfant.

— Un jour, poursuivit Arsène en regardant fixement madame de Piennes, un jour je trouvai dans sa chambre un beau camellia rose dans un verre d'eau. Je voulus le prendre, il ne voulut pas. Il m'empêcha même de le toucher. J'insistai, je lui dis des sottises. Il le prit, le serra dans une armoire, et mit la clef dans sa poche. Moi, je fis le diable, et je lui cassai même un vase de porcelaine qu'il aimait beaucoup. Rien n'y fit. Je vis bien qu'il le tenait d'une femme comme il faut. Je n'ai jamais su d'où lui venait ce camellia.

En parlant ainsi, Arsène attachait un regard fixe et presque méchant sur madame de Piennes, qui baissa les yeux involontairement. Il y eut un assez long silence que troublait seule la respiration oppressée de la malade. Madame de Piennes venait de se rappeler confusément certaine histoire de camellia. Un jour, qu'elle dînait chez madame Aubrée, Max lui avait dit que sa tante venait de lui souhaiter sa fête, et lui demanda de lui donner un bouquet aussi. Elle avait détaché, en riant, un camellia de ses cheveux, et le lui avait donné. Mais comment un fait aussi insignifiant était-il demeuré dans sa mémoire? Madame de Piennes ne pouvait se l'expliquer. Elle en était presque effrayée. L'espèce de confusion qu'elle éprouvait vis-à-vis d'elle-même était à peine dissipée lorsque Max entra, et elle se sentit rougir.

— Merci de vos fleurs, dit Arsène; mais elles me font mal... Elles ne seront pas perdues; je les ai données à madame. Ne me faites pas parler, on me le défend. Voulez-vous me lire quelque chose?

Max s'assit et lut. Cette fois personne n'écouta, je pense : chacun, y compris le lecteur, suivait le fil de ses propres pensées.

Quand madame de Piennes se leva pour sortir, elle allait laisser le bouquet sur la table, mais Arsène l'avertit de son oubli. Elle emporta donc le bouquet, mécontente d'avoir montré peut-être quelque affectation à ne pas accepter tout d'abord cette bagatelle. — Quel mal peut-il y avoir à cela? pensait-elle. Mais il y avait déjà du mal à se faire cette simple question.

Sans en être prié, Max la suivit chez elle. Ils s'assirent, et, détournant les yeux l'un et l'autre, ils demeurèrent en silence assez longtemps pour en être embarrassés.

— Cette pauvre fille, dit enfin madame de Piennes, m'afflige profondément. Il n'y a plus d'espoir, à ce qu'il paraît.

— Vous avez vu le médecin? demanda Max; que dit-il?

Madame de Piennes secoua la tête : — Elle n'a plus que bien peu de jours à passer dans ce monde. Ce matin, on l'a administrée.

— Sa figure faisait mal à voir, dit Max en s'avançant dans l'embrasure d'une fenêtre, probablement pour cacher son émotion.

— Sans doute il est cruel de mourir à son âge, reprit gravement madame de Piennes; mais si elle eût vécu davantage, qui sait si ce n'eût point été un malheur pour elle?... En la sauvant d'une mort désespérée, la Providence a voulu lui donner le temps de se repentir...

C'est une grande grâce dont elle-même sent tout le prix à présent. L'abbé Dubignon est fort content d'elle. Il ne faut pas tant la plaindre, Max !

— Je ne sais s'il faut plaindre ceux qui meurent jeunes, répondit-il un peu brusquement... moi, j'aimerais à mourir jeune; mais ce qui m'afflige surtout, c'est de la voir souffrir ainsi.

— La souffrance du corps est souvent utile à l'âme..

Max, sans répondre, alla se placer à l'extrémité de l'appartement, dans un angle obscur à demi caché par d'épais rideaux. Madame de Piennes travaillait ou feignait de travailler, les yeux fixés sur une tapisserie; mais il lui semblait sentir le regard de Max comme quelque chose qui pesait sur elle. Ce regard qu'elle fuyait, elle croyait le sentir errer sur ses mains, sur ses épaules, sur son front. Il lui sembla qu'il s'arrêtait sur son pied, et elle se hâta de le cacher sous sa robe. — Il y a peut-être quelque chose de vrai dans ce qu'on dit du fluide magnétique, madame.

— Vous connaissez M. l'amiral de Rigny, madame? demanda Max tout à coup.

— Oui, un peu.

— J'aurai peut-être un service à vous demander auprès de lui... une lettre de recommandation...

— Pourquoi donc?

— Depuis quelques jours, madame, j'ai fait des projets, continua-t-il avec une gaieté affectée. Je travaille à me convertir, et je voudrais faire quelque acte de bon chrétien; mais, embarrassé, comment m'y prendre...

Madame de Piennes lui lança un regard un peu sévère.

— Voici à quoi je me suis arrêté, poursuivit-il. Je suis bien fâché de ne pas savoir l'école de peloton, mais cela peut s'apprendre. En attendant, je sais manier un fusil, pas trop mal..., et, ainsi que j'avais l'honneur de vous le dire, je me sens une envie extraordinaire d'aller en Grèce et de tâcher d'y tuer quelque Turc, pour la plus grande gloire de la croix.

— En Grèce! s'écria madame de Piennes, laissant tomber son peloton.

— En Grèce. Ici, je ne fais rien ; je m'ennuie ; je ne suis bon à rien, je ne puis rien faire d'utile ; il n'y a personne au monde à qui je sois bon à quelque chose. Pourquoi n'irais-je pas moissonner des lauriers, ou me faire casser la tête pour une bonne cause ? D'ailleurs, pour moi, je ne vois guère d'autre moyen d'aller à la gloire ou au Temple de Mémoire, à quoi je tiens fort. Figurez-vous, madame, quel honneur pour moi quand

on lira dans le journal : « On nous écrit de Tripolitza
« que M. Max de Salligny, jeune philhellène de la plus
« haute espérance » — on peut bien dire cela dans un
journal — « de la plus haute espérance, vient de périr
« victime de son enthousiasme pour la sainte cause de
« la religion et de la liberté. Le farouche Kourschid-
« Pacha a poussé l'oubli des convenances jusqu'à lui
« faire trancher la tête.... » C'est justement ce que j'ai
de plus mauvais, à ce que tout le monde dit, n'est-ce
pas, madame?

Et il riait d'un rire forcé.

— Parlez-vous sérieusement, Max? Vous iriez en
Grèce?

— Très-sérieusement, madame ; seulement, je tâcherai que mon article nécrologique ne paraisse que le
plus tard possible.

— Qu'iriez-vous faire en Grèce ? Ce ne sont pas des
soldats qui manquent aux Grecs... Vous feriez un
excellent soldat, j'en suis sûre ; mais...

— Un superbe grenadier de cinq pieds six pouces !
s'écria-t-il en se levant en pieds ; les Grecs seraient bien
dégoûtés s'ils ne voulaient pas d'une recrue comme
celle-là. Sans plaisanterie, madame, ajouta-t-il en se
laissant retomber dans un fauteuil, c'est, je crois, ce

que j'ai de mieux à faire. Je ne puis rester à Paris (il prononça ces mots avec une certaine violence) ; j'y suis malheureux, j'y ferais cent sottises... Je n'ai pas la force de résister... Mais nous en reparlerons ; je ne pars pas tout de suite... mais je partirai... Oh ! oui, il le faut ; j'en ai fait mon grand serment. — Savez-vous que depuis deux jours j'apprends le grec ? Ζωή μου σᾶς ἀγαπῶ C'est une fort belle langue, n'est-ce pas ?

Madame de Piennes avait lu lord Byron et se rappela cette phrase grecque, refrain d'une de ses pièces fugitives. La traduction, comme vous savez, se trouve en note ; c'est : « Ma vie, je vous aime. » — *Ce sont façons de parler obligeantes de ces pays-là.* Madame de Piennes maudissait sa trop bonne mémoire ; elle se garda bien de demander ce que signifiait ce grec-là, et craignait seulement que sa physionomie ne montrât qu'elle avait compris. Max s'était approché du piano ; et ses doigts, tombant sur le clavier comme par hasard, formèrent quelques accords mélancoliques. Tout à coup il prit son chapeau ; et se tournant vers madame de Piennes, il lui demanda si elle comptait aller ce soir chez madame Darsenay.

— Je pense que oui, répondit-elle en hésitant un peu. Il lui serra la main, et sortit aussitôt, la laissant en proie à une agitation qu'elle n'avait encore jamais éprouvée.

Toutes ses idées étaient confuses et se succédaient avec tant de rapidité, qu'elle n'avait pas le temps de s'arrêter à une seule. C'était comme cette suite d'images qui paraissent et disparaissent à la portière d'une voiture entraînée sur un chemin de fer. Mais, de même qu'au milieu de la course la plus impétueuse l'œil qui n'aperçoit point tous les détails parvient cependant à saisir le caractère général des sites que l'on traverse, de même, au milieu de ce chaos de pensées qui l'assiégeaient, madame de Piennes éprouvait une impression d'effroi et se sentait comme entraînée sur une pente rapide au milieu de précipices affreux. Que Max l'aimât, elle n'en pouvait douter. Cet amour (elle disait : cette affection) datait de loin; mais jusqu'alors elle ne s'en était pas alarmée. Entre une dévote comme elle et un libertin comme Max, s'élevait une barrière insurmontable qui la rassurait autrefois. Bien qu'elle ne fût pas insensible au plaisir ou à la vanité d'inspirer un sentiment sérieux à un homme aussi léger que l'était Max dans son opinion, elle n'avait jamais pensé que cette affection pût devenir un jour dangereuse pour son repos. Maintenant que le mauvais sujet s'était amendé, elle commençait à le craindre. Sa conversion, qu'elle s'attribuait, allait donc devenir, pour elle et pour lui, une cause de chagrins et de tourments. Par moments, elle essayait de se persuader que les dangers qu'elle prévoyait vaguement n'avaient aucun fondement réel. Ce voyage brusquement résolu, le changement qu'elle avait remarqué dans les manières de M. de Salligny, pouvaient s'expliquer à la rigueur par l'amour qu'il avait conservé pour Arsène Guillot; mais, chose étrange ! cette pensée lui était plus insupportable que les autres, et c'était presque un soulagement pour elle que de s'en démontrer l'invraisemblance.

Madame de Piennes passa toute la soirée à se créer ainsi des fantômes, à les détruire, à les reformer. Elle ne voulut pas aller chez madame Darsenay, et, pour être plus sûre d'elle-même, elle permit à son cocher de sortir et voulut se coucher de bonne heure ; mais aussitôt qu'elle eut pris cette magnanime résolution, et qu'il n'y eut plus moyen de s'en dédire, elle se représenta que c'était une faiblesse indigne d'elle et s'en repentit. Elle craignit surtout que Max n'en soupçonnât la cause; et comme elle ne pouvait se déguiser à ses propres yeux son véritable motif pour ne pas sortir, elle en vint à se regarder déjà comme coupable, car cette seule préoccupation à l'égard de M. de Salligny lui semblait un crime. Elle pria longtemps, mais elle ne s'en trouva pas soulagée. Je ne sais à quelle heure elle parvint à s'endormir ; ce qu'il y a de certain, c'est que, lorsqu'elle se réveilla, ses idées étaient aussi confuses que la veille, et qu'elle était tout aussi éloignée de prendre une résolution.

Pendant qu'elle déjeunait — car on déjeune toujours, madame, surtout quand on a mal dîné — elle lut dans un journal que je ne sais quel pacha venait de saccager une ville de la Roumélie. Femmes et enfants avaient été massacrés ; quelques philhellènes avaient péri les armes à la main ou avaient été lentement immolés dans d'horribles tortures. Cet article de journal était peu propre à faire goûter à madame de Piennes le voyage de Grèce auquel Max se préparait. Elle méditait tristement sur sa lecture, lorsqu'on lui apporta un billet de celui-ci. Le soir précédent, il s'était fort ennuyé chez madame Darsenay ; et, inquiet de n'y avoir pas trouvé madame de Piennes, il lui écrivait pour avoir de ses nouvelles, et lui demander à quelle heure elle devait aller chez Arsène Guillot. Madame de Piennes n'eut pas le courage d'écrire, et fit répondre qu'elle irait à l'heure accoutumée. Puis l'idée lui vint d'y aller sur-le-champ, afin de n'y pas rencontrer Max ; mais, par réflexion, elle trouva que c'était un mensonge puéril et honteux, pire que sa faiblesse de la veille. Elle s'arma donc de courage, fit sa prière avec ferveur, et, lorsqu'il fut temps, elle sortit et monta d'un pas ferme à la chambre d'Arsène.

III.

Elle trouva la pauvre fille dans un état à faire pitié. Il était évident que sa dernière heure était proche, et depuis la veille le mal avait fait d'horribles progrès. Sa respiration n'était plus qu'un râlement douloureux, et l'on dit à madame de Piennes que plusieurs fois dans la matinée elle avait eu le délire, et que le médecin ne pensait pas qu'elle pût aller jusqu'au lendemain. Arsène, cependant, reconnut sa protectrice et la remercia d'être venue la voir.

— Vous ne vous fatiguerez plus à monter mon escalier, lui dit-elle d'une voix éteinte.

Chaque parole semblait lui coûter un effort pénible et user ce qui lui restait de forces. Il fallait se pencher sur son lit pour l'entendre. Madame de Piennes avait pris sa main, et elle était déjà froide et comme inanimée.

Max arriva bientôt et s'approcha silencieusement du lit de la mourante. Elle lui fit un léger signe de tête, et

remarquant qu'il avait à la main un livre dans un étui :
— Vous ne lirez pas aujourd'hui, murmura-t-elle faiblement. Madame de Piennes jeta les yeux sur ce livre prétendu : c'était une carte de la Grèce reliée, qu'il avait achetée en passant.

L'abbé Dubignon, qui depuis le matin était auprès d'Arsène, observant avec quelle rapidité les forces de la malade s'épuisaient, voulut mettre à profit, pour son salut, le peu de moments qui lui restaient encore. Il écarta Max et madame de Piennes, et, courbé sur ce lit de douleur, il adressa à la pauvre fille les graves et consolantes paroles que la religion réserve pour de pareils moments. Dans un coin de la chambre, madame de Piennes priait à genoux, et Max, debout près de la fenêtre, semblait transformé en statue.

— Vous pardonnez à tous ceux qui vous ont offensée, ma fille? dit le prêtre d'une voix émue.

— Oui!... qu'ils soient heureux! répondit la mourante en faisant un effort pour se faire entendre.

— Fiez-vous donc à la miséricorde de Dieu, ma fille! reprit l'abbé. Le repentir ouvre les portes du ciel.

Pendant quelques minutes encore, l'abbé continua ses exhortations; puis il cessa de parler, incertain s'il n'avait plus qu'un cadavre devant lui. Madame de Piennes se leva doucement, et chacun demeura quelque temps immobile, regardant avec anxiété le visage livide d'Arsène. Ses yeux étaient fermés. Chacun retenait sa respiration comme pour ne pas troubler le terrible sommeil qui peut-être avait commencé pour elle, et l'on entendait distinctement dans la chambre le faible tintement d'une montre placée sur la table de nuit.

— Elle est passée, la pauvre demoiselle! dit enfin la garde après avoir approché sa tabatière des lèvres d'Arsène; vous le voyez, le verre n'est pas terni. Elle est morte!

— Pauvre enfant! s'écria Max sortant de la stupeur où il semblait plongé. Quel bonheur a-t-elle eu dans ce monde?

Tout à coup, et comme ranimée à sa voix, Arsène ouvrit les yeux. — J'ai aimé! murmura-t-elle d'une voix sourde. Elle remuait les doigts et semblait vouloir tendre les mains. Max et madame de Piennes s'étaient approchés et prirent chacun une de ses mains. — J'ai aimé, répéta-t-elle avec un triste sourire. Ce furent ses dernières paroles. Max et madame de Piennes tinrent longtemps ses mains glacées sans oser lever les yeux...

IV.

Eh bien, madame, vous me dites que mon histoire est finie, et vous ne voulez pas en entendre davantage. J'aurais cru que vous seriez curieuse de savoir si M. de Salligny fit ou non le voyage de Grèce ; si... mais il est tard, vous en avez assez. A la bonne heure! Au moins gardez-vous des jugements téméraires, je proteste que je n'ai rien dit qui pût vous y autoriser. Surtout, ne doutez pas que mon histoire ne soit vraie. Vous en douteriez? Allez au Père-Lachaise : à vingt pas à gauche du tombeau du général Foy, vous trouverez une pierre de liais fort simple, entourée de fleurs toujours bien entretenues. Sur la pierre, vous pourrez lire le nom de mon héroïne gravé en gros caractères : ARSÈNE GUILLOT, et, en vous penchant sur cette tombe, vous remarquerez, si la pluie n'y a déjà mis ordre, une ligne tracée au crayon, d'une écriture très-fine :

— Pauvre Arsène ! elle prie pour nous. —

FIN D'ARSÈNE GUILLOT.

L'ABBÉ AUBAIN.

L'ABBÉ AUBAIN.

Il est inutile de dire comment les lettres suivantes sont tombées entre nos mains. Elles nous ont paru curieuses, morales et instructives. Nous les publions sans autre changement que la suppression de certains noms propres et de quelques passages qui ne se rapportent pas à l'aventure de l'abbé Aubain.

LETTRE I.

De madame de P... à madame de G....

Noirmoutiers,... novembre 1844.

J'ai promis de t'écrire, ma chère Sophie, et je tiens parole; aussi bien n'ai-je rien de mieux à faire par ces longues soirées. Ma dernière lettre t'apprenait comment je me suis aperçue tout à la fois que j'avais trente ans et que j'étais ruinée. Au premier de ces malheurs, hélas! il n'y a pas de remède. Au second, nous nous résignons assez mal, mais enfin, nous nous résignons. Pour rétablir nos affaires, il nous faut passer deux ans, pour le moins, dans le sombre manoir d'où je t'écris. J'ai été sublime. Aussitôt que j'ai su l'état de nos finances, j'ai proposé à Henri d'aller faire des économies à la campagne, et huit jours après nous étions à Noirmoutiers. Je ne te dirai rien du voyage. Il y avait bien des années que je ne m'étais trouvée pour aussi longtemps seule avec mon mari. Naturellement nous étions l'un et l'autre d'assez mauvaise humeur; mais comme j'étais parfaitement résolue à faire bonne contenance, tout s'est bien passé. Tu connais mes grandes *résolutions*, et tu sais si je les tiens. Nous voilà installés. Par exemple, Noirmoutiers, pour le pittoresque, ne laisse rien à désirer. Des bois, des falaises, la mer à un quart de lieue. Nous avons quatre grosses tours dont les murs ont quinze pieds d'épaisseur. J'ai fait un cabinet de travail dans l'embrasure d'une fenêtre. Mon salon, de soixante pieds de long, est décoré d'une tapisserie à *personnages de bêtes;* il est vraiment magnifique, éclairé par huit bougies : c'est l'illumination du dimanche. Je meurs de peur toutes les fois que j'y passe après le soleil couché. Tout cela est meublé fort mal, comme tu le penses bien. Les portes ne joignent pas, les boiseries craquent, le vent siffle et la mer mugit de la façon la plus lugubre du monde. Pourtant je commence à m'y habituer. Je range, je répare, je plante; avant les grands froids je me serai fait un campement tolérable. Tu peux être assurée que ta tour sera prête pour le printemps. Que ne puis-je déjà t'y tenir! Le mérite de Noirmoutiers, c'est que nous n'avons pas de voisins. Solitude complète. Je n'ai d'autres visiteurs, grâce à Dieu, que mon curé, l'abbé Aubain. C'est un jeune homme fort doux, bien qu'il ait des sourcils arqués et bien fournis, et de grands yeux noirs comme un traître de mélodrame. Dimanche dernier, il nous a fait un sermon, pas trop mal pour un sermon de province, et qui venait comme de cire : « Que le malheur était un bienfait de la Providence pour épurer nos âmes. » Soit ! A ce compte, nous devons des remercîments à cet honnête agent de change qui a voulu nous épurer en nous emportant notre fortune. Adieu, ma chère amie. Mon piano arrive avec force caisses. Je vais voir à faire ranger tout cela.

P. S. Je rouvre ma lettre pour te remercier de ton envoi. Tout cela est trop beau, beaucoup trop beau pour Noirmoutiers. La capote grise me plaît. J'ai reconnu ton goût. Je la mettrai dimanche pour la messe; peut-être qu'il passera un commis voyageur pour l'admirer. Mais pour qui me prends-tu avec tes romans? Je veux être, je *suis* une personne sérieuse. N'ai-je pas de bonnes raisons ? Je vais m'instruire. A mon retour à Paris, dans trois ans d'ici (j'aurai trente-trois ans, juste ciel !), je veux être une Philaminte. Au vrai, je ne sais que te demander en fait de livres. Que me conseilles-tu d'apprendre? l'allemand ou le latin? Ce serait bien agréable de lire Wilhelm Meister dans l'original, ou les contes de Hoffmann. Noirmoutiers est le vrai lieu pour les contes fantastiques. Mais comment apprendre l'allemand à Noirmoutiers? Le latin me plairait assez, car je trouve injuste que les hommes le sachent pour eux seuls. J'ai envie de me faire donner des leçons par mon curé.

. . . .

LETTRE II.

La même à la même.

Noirmoutiers,... décemb. e 1844.

Tu as beau t'en étonner, le temps passe plus vite que tu ne crois, plus vite que je ne l'aurais cru moi-même. Ce qui soutient surtout mon courage, c'est la faiblesse de mon seigneur et maître. En vérité, les hommes sont bien inférieurs à nous. Il est d'un abattement, d'un *avvilimento* qui passe la permission. Il se lève le plus tard qu'il peut, monte à cheval ou va chasser, ou bien faire visite aux plus ennuyeuses gens du monde, notaires ou procureurs du roi qui demeurent à la ville, c'est-à-dire à six lieues d'ici. C'est quand il pleut qu'il faut le voir ! Voilà huit jours qu'il a commencé les Mauprat, et il en est au premier volume. — « Il vaut mieux se louer soi-même que de médire d'autrui. » C'est un de tes proverbes. Je le laisse donc pour te parler de moi. L'air de la campagne me fait un bien infini. Je me porte à merveille, et quand je me regarde dans ma glace (quelle glace !), je ne me donnerais pas trente ans; et puis, je me promène beaucoup. Hier, j'ai tant fait, que Henri est venu avec moi au bord de la mer. Pendant qu'il tirait des mouettes, j'ai lu le chant des pirates dans le *Giaour*. Sur la grève, devant une mer houleuse, ces beaux vers semblent encore plus beaux. Notre mer ne vaut pas celle de Grèce, mais elle a sa poésie comme toutes les mers. Sais-tu ce qui me frappe dans lord Byron? c'est qu'il voit et qu'il comprend la nature. Il ne parle pas de la mer pour avoir mangé du turbot et des huîtres. Il a navigué; il a vu des tempêtes. Toutes ses descriptions sont des daguerréotypes. Pour nos poëtes, la rime d'abord, puis le bon sens, s'il y a place dans le vers. Pendant que je me promenais, lisant, regardant et admirant, l'abbé Aubain — je ne sais si je t'ai parlé de mon abbé, c'est le curé de mon village — est venu me joindre. C'est un jeune prêtre qui me revient assez. Il a de l'instruction et sait « parler des choses avec les honnêtes gens. » D'ailleurs, à ses grands yeux noirs et à sa mine pâle et mélancolique, je vois bien qu'il a une histoire intéressante, et je prétends me la faire raconter. Nous avons causé mer, poésie; et, ce qui te surprendra dans un curé de Noirmoutiers, il en parle bien. Puis il m'a menée dans les ruines d'une vieille abbaye, sur une falaise, et m'a fait voir un grand portail tout sculpté de monstres adorables. Ah! si j'avais de l'argent, comme je réparerais tout cela! Après, malgré les représentations de Henri, qui voulait aller dîner, j'ai insisté pour passer par le presbytère, afin de voir un reliquaire curieux que le curé a trouvé chez un paysan. C'est fort beau, en effet: un coffret en émail de Limoges, qui ferait une délicieuse cassette à mettre des bijoux. Mais quelle maison, grand Dieu! Et nous autres, qui nous trouvons pauvres! Figure-toi une petite chambre au rez-de-chaussée, mal dallée, peinte à la chaux, meublée d'une table et de quatre chaises, plus un fauteuil en paille avec une petite galette de coussin, rembourrée de je ne sais quels noyaux de pêche, et recouverte en toile à carreaux blancs et rouges. Sur la table, il y avait trois ou quatre grands in-folio grecs ou latins. Ce sont des Pères de l'Église, et dessous, comme caché, j'ai surpris *Jocelin*. Il a rougi. D'ailleurs, il était fort bien à faire les honneurs de son misérable taudis; ni orgueil, ni mauvaise honte. Je soupçonnais qu'il avait son histoire romanesque. J'en ai la preuve maintenant. Dans le coffre byzantin qu'il nous a montré, il y avait un bouquet fané de cinq ou six ans au moins. — Est-ce une relique ? lui ai-je demandé. — Non, a-t-il répondu un peu troublé. Je ne sais comment cela se trouve là. Puis il a pris le bouquet et l'a serré précieusement dans sa table. Est-ce clair ?... Je suis rentrée au château avec de la tristesse et du courage : de la tristesse pour avoir vu tant de pauvreté ; du courage, pour supporter la mienne, qui pour lui serait une opulence asiatique. Si tu avais vu sa surprise quand Henri lui a remis vingt francs pour une femme qu'il nous recommandait ! Il faut que je lui fasse un cadeau. Ce fauteuil de paille où je me suis assise est par trop dur. Je veux lui donner un de ces fauteuils en fer qui se plient comme celui que j'avais emporté en Italie. Tu m'en choisiras un, et tu me l'enverras au plus vite...

LETTRE III.

La même à la même.

Noirmoutiers,... février 1845.

Décidément je ne m'ennuie pas à Noirmoutiers. D'ailleurs, j'ai trouvé une occupation intéressante, et c'est à mon abbé que je la dois. Mon abbé sait tout, assurément, et en outre la botanique. Je me suis rappelé les Lettres de Rousseau, en l'entendant nommer en latin un vilain oignon que, faute de mieux, j'avais mis sur ma cheminée. — « Vous savez donc la botanique? — Fort mal, répondit-il. Assez cependant pour indiquer aux gens de ce pays les simples qui peuvent leur être utiles; assez surtout, il faut bien l'avouer, pour donner quelque intérêt à mes promenades solitaires. » J'ai compris tout de suite qu'il serait très-amusant de cueillir de belles fleurs dans mes courses, de les faire sécher et de les ranger proprement dans « mon vieux Plutarque à mettre des rabats. » — « Montrez-moi la botanique, » lui ai-je dit. Il voulait attendre au printemps, car il n'y a pas de fleurs dans cette vilaine saison. « Mais vous avez des fleurs séchées, lui ai-je dit. J'en ai vu chez vous. » — Je crois t'avoir parlé d'un vieux bouquet précieusement conservé. — Si tu avais vu sa mine !... Pauvre malheureux ! Je me suis repentie bien vite de mon allusion indiscrète. Pour la lui faire oublier, je me suis hâtée de lui dire qu'il devait avoir une collection de plantes sèches. Cela s'appelle un herbier. Il en est convenu aussitôt ; et, dès le lendemain, il m'apportait dans un ballot de papier gris, force jolies plantes, chacune avec son étiquette. Le cours de botanique est commencé ; j'ai fait tout de suite des progrès étonnants. Mais ce que je ne savais pas, c'est l'immoralité de cette botanique, et la difficulté des premières explications, surtout pour un abbé. Tu sauras, ma chère, que les plantes se marient tout comme nous autres, mais la plupart ont beaucoup de maris. On appelle les unes *phanérogames*, si j'ai bien retenu ce nom barbare. C'est du grec, qui veut dire mariées publiquement, à la municipalité. Il y a ensuite les *cryptogames*, mariages secrets. Les champignons que tu manges se marient secrètement. Tout cela est fort scandaleux ; mais il ne s'en tire pas trop mal, mieux que moi, qui ai eu la sottise de rire aux éclats, une fois ou deux, aux passages les plus difficiles. Mais à présent, je suis devenue prudente et je ne fais plus de questions.

LETTRE IV.

La même à la même.

Noirmoutiers,... février 1843

Tu veux absolument savoir l'histoire de ce bouquet conservé si précieusement ; mais, en vérité, je n'ose la lui demander. D'abord, il est plus que probable qu'il n'y a pas d'histoire là-dessous; puis, s'il y en avait une, ce serait peut-être une histoire qu'il n'aimerait pas à raconter. Pour moi, je suis bien convaincue... Allons! point de menteries. Tu sais bien que je ne puis avoir de secrets avec toi. Je la sais, cette histoire, et je vais te la dire en deux mots; rien de plus simple. — « Comment se fait-il, monsieur l'abbé, lui ai-je dit un jour qu'avec l'esprit que vous avez, et tant d'instruction, vous vous soyez résigné à devenir le curé d'un petit village? » Lui, avec un triste sourire : « Il est plus facile, a-t-il répondu, d'être le pasteur de pauvres paysans que pasteur de citadins. Chacun doit mesurer sa tâche à ses forces. — C'est pour cela, dis-je, que vous devriez être mieux placé. — On m'avait dit, dans le temps, continuat-il, que monseigneur l'évêque de N***, votre oncle, avait daigné jeter les yeux sur moi pour me donner la cure de Sainte-Marie : c'est la meilleure du diocèse. Ma vieille tante, la seule parente qui me soit restée, demeurant à N***, on disait que c'était pour moi une situation fort désirable. Mais je suis bien ici, et j'ai appris avec plaisir que monseigneur avait fait un autre choix. Que me faut-il? Ne suis-je pas heureux à Noirmoutiers? Si j'y fais un peu de bien, c'est ma place ; je ne dois pas la quitter. Et puis la ville me rappelle... » Il s'arrêta, les yeux mornes et distraits ; puis, reprenant tout à coup : « Nous ne travaillons pas, dit-il. Et notre botanique?... » Je ne pensais guère alors au vieux foin épars sur la table et je continuai les questions. — « Quand êtes-vous entré dans les ordres? — Il y a neuf ans. — Neuf ans... mais il me semble que vous deviez avoir déjà l'âge où l'on a une profession? Je ne sais, mais je me suis toujours figuré que ce n'est pas une vocation de jeunesse qui vous a conduit à vous faire prêtre. — Hélas! non, dit-il d'un air honteux ; mais si ma vocation a été bien tardive, si elle a été déterminée par des causes... par une cause... » Il s'embarrassait et ne pouvait achever. Moi, je pris mon grand courage. « Gageons, lui dis-je, que certain bouquet que j'ai vu était pour quelque chose dans cette détermination-là. » A peine l'impertinente question était-elle lâchée, que je me mordais la langue pour l'avoir poussé de la sorte; mais il n'était plus temps. « Eh bien, oui, madame, c'est vrai; je vous dirai tout cela, mais pas à présent... une autre fois. Voici l'Angélus qui va sonner. » Et il était parti avant le premier coup de cloche. Je m'attendais à quelque histoire terrible. Il revint le lendemain, et ce fut lui qui reprit notre conversation de la veille. Il m'avoua qu'il avait aimé une jeune personne de N...; mais elle avait un peu de fortune, et lui, étudiant, n'avait d'autre ressource que son esprit... Il lui dit : « Je pars pour Paris, où j'espère obtenir une place; mais vous, pendant que je travaillerai jour et nuit pour me rendre digne de vous, ne m'oublierez-vous pas? » La jeune personne avait seize ou dix-sept ans et était fort romanesque. Elle lui donna son bouquet en signe de sa foi. Un an après, il apprenait son mariage avec le notaire de N..., précisément comme il allait avoir une chaire dans un collége. Ce coup l'accabla, il renonça à suivre le concours. Il dit que pendant des années il n'a pu penser à autre chose ; et en se rappelant cette aventure si simple, il paraissait aussi ému que si elle venait de lui arriver. Puis, tirant le bouquet de sa poche : « C'était un enfantillage de le garder, dit-il, peut-être même était-ce mal; » et il l'a jeté au feu. Lorsque les pauvres fleurs eurent cessé de craquer et de flamber, il reprit avec plus de calme : « Je vous remercie de m'avoir demandé ce récit. C'est à vous que je dois de m'être séparé d'un souvenir qu'il ne me convenait guère de conserver. » — Mais il avait le cœur gros, et l'on voyait sans peine combien le sacrifice lui avait coûté. Quelle vie, mon Dieu ! que celle de ces pauvres prêtres ! Les pensées les plus innocentes, ils doivent se les interdire. Ils sont obligés de bannir de leur cœur tous ces sentiments qui font le bonheur des autres hommes... jusqu'aux souvenirs qui attachent à la vie. Les prêtres nous ressemblent à nous autres, pauvres femmes : tout sentiment vif est crime. Il n'y a de permis que de souffrir, encore pourvu qu'il n'y paraisse pas. Adieu, je me reproche ma curiosité comme une mauvaise action, mais c'est toi qui en es la cause.

(Nous omettons plusieurs lettres où il n'est plus question de l'abbé Aubain.)

LETTRE V.

La même à la même.

Normoutiers,... mai 1845.

Il y a bien longtemps que je veux t'écrire, ma chère Sophie, et je ne sais quelle mauvaise honte m'en a toujours empêchée. Ce que j'ai à te dire est si étrange, si ridicule et si triste à la fois, que je ne sais si tu en seras touchée, ou si tu en riras. Moi-même, j'en suis encore à n'y rien comprendre. Sans plus de préambule, j'en viens au fait. Je t'ai parlé plusieurs fois, dans mes lettres, de l'abbé Aubain, le curé de notre village de Noirmoutiers. Je t'ai même conté certaine aventure qui a été la cause de sa profession. Dans la solitude où je vis, et avec les idées assez tristes que tu me connais, la société d'un homme d'esprit, instruit, aimable, m'était extrêmement précieuse. Probablement je lui ai laissé voir qu'il m'intéressait, et au bout de fort peu de temps il était chez nous comme un ancien ami. C'était, je l'avoue, un plaisir tout nouveau pour moi que de causer avec un homme supérieur dont l'ignorance du monde faisait valoir la distinction d'esprit. Peut-être encore, car il faut te dire tout, et ce n'est pas à toi que je puis cacher quelque défaut de mon caractère, peut-être encore ma *naïveté de coquetterie* (c'est ton mot), que tu m'as souvent reprochée, s'est-elle exercée à mon insu. J'aime à plaire aux gens qui me plaisent, je veux être aimée de ceux que j'aime... A cet exorde, je te vois ouvrant de grands yeux, et il me semble t'entendre dire : Julie !... Rassure-toi, ce n'est pas à mon âge que l'on commence à faire des folies. Mais je continue. Une sorte d'intimité s'est établie entre nous, sans que jamais, je me hâte de le dire, il ait rien dit ou fait qui ne convînt au caractère sacré dont il est revêtu. Il se plaisait chez moi. Nous causions souvent de sa jeunesse, et plus d'une fois j'ai eu le tort de mettre sur le tapis cette romanesque passion qui lui a valu un bouquet (maintenant en cendres dans ma cheminée) et la triste robe qu'il porte. Je n'ai pas tardé à m'apercevoir qu'il ne pensait plus guère à son infidèle. Un jour il l'avait rencontrée à la ville, et même lui avait parlé. Il me raconta tout cela, à son retour, et me dit sans émotion qu'elle était heureuse, et qu'elle avait de charmants enfants. Le hasard l'a rendu témoin de quelques-unes des impatiences de Henri. De là des confidences, en quelque sorte forcées de ma part, et de la sienne un redoublement d'intérêt. Il connait mon mari comme s'il l'avait pratiqué dix ans. D'ailleurs, il était aussi bon conseiller que toi, et plus impartial, car tu crois toujours que les torts sont partagés. Lui, me donnait toujours raison, mais en me recommandant la prudence et la politique. En un mot, il se montrait un ami dévoué. Il y a en lui quelque chose de féminin qui me charme. C'est un esprit qui me rappelle le tien. Un caractère exalté et ferme, sensible et concentré, fanatique du devoir... Je couds des phrases les unes aux autres pour retarder l'explication. Je ne puis parler franc ; ce papier m'intimide. Que je voudrais te tenir au coin du feu, avec un petit métier entre nous deux, brodant à la même portière ! — Enfin, enfin, ma Sophie, il faut bien lâcher le grand mot. Le pauvre malheureux était amoureux de moi. Ris-tu, ou bien es-tu scandalisée ? Je voudrais te voir en ce moment. Il ne m'a rien dit, bien entendu, mais nous ne nous trompons guère, et ses grands yeux noirs !..... Pour le coup, je crois que tu ris. — Que de lions voudraient avoir ces yeux-là qui parlent sans le vouloir ! J'ai vu tant de ces messieurs qui voulaient faire parler les leurs, et qui ne disaient que des bêtises. — Lorsque j'ai reconnu l'état du malade, la malignité de ma nature, je te l'avouerai, s'en est presque réjouie d'abord. Une conquête à mon âge, une conquête innocente comme celle-là!... C'est quelque chose que d'exciter une telle passion, un amour impossible !... Fi donc ! ce vilain sentiment m'a passé bien vite. — Voilà un galant homme, me suis-je dit, dont mon étourderie ferait le malheur. C'est horrible, il faut absolument que cela finisse. Je cherchais dans ma tête comment je pourrais l'éloigner. Un jour, nous nous promenions sur la grève, à marée basse. Il n'osait me dire un mot, et moi j'étais embarrassée aussi. Il y avait de mortels silences de cinq minutes, pendant lesquels, pour me faire contenance, je ramassais des coquilles. Enfin, je lui dis : « Mon cher abbé, il faut absolument qu'on vous donne une meilleure cure que celle-ci. J'écrirai à mon oncle l'évêque ; j'irai le voir, s'il le faut. — Quitter Noirmoutiers ! s'écria-t-il en joignant les mains ; mais j'y suis si heureux ! Que puis-je désirer depuis que vous êtes ici ? Vous m'avez comblé, et mon petit presbytère est devenu un palais. — Non, repris-je, mon oncle est bien vieux ; si j'avais le malheur de le perdre, je ne saurais à qui m'adresser pour vous faire obtenir un poste convenable. — Hélas ! madame, j'aurais tant de regret à quitter ce village !... Le curé de Sainte-Marie est mort... mais ce qui me rassure, c'est qu'il sera remplacé par l'abbé Raton. C'est un bien digne prêtre, et je m'en réjouis ; car si monseigneur avait pensé à moi...

— Le curé de Sainte-Marie est mort ! m'écriai-je. Je vais aujourd'hui à N***, voir mon oncle.

— Ah ! madame, n'en faites rien. L'abbé Raton est bien plus digne que moi ; et puis, quitter Noirmoutiers !...

— Monsieur l'abbé, dis-je d'un ton ferme, *il le faut !* A ce mot, il baissa la tête et n'osa plus résister. Je revins presque en courant au château. Il me suivait à deux pas en arrière, le pauvre homme, si troublé, qu'il n'osait pas ouvrir la bouche. Il était anéanti. Je n'ai pas perdu une minute. A huit heures, j'étais chez mon oncle. Je l'ai trouvé fort prévenu pour son Raton ; mais il m'aime, et je sais mon pouvoir. Enfin, après de longs débats, j'ai obtenu ce que je voulais. Le Raton est évincé, et l'abbé Aubain est curé de Sainte-Marie. Depuis deux jours il est à la ville. Le pauvre homme a compris mon : *Il le faut.* Il m'a remercié gravement, et n'a parlé que de sa reconnaissance. Je lui ai su gré d quitter Noirmoutiers au plus vite et de me dire même qu'il avait hâte d'aller remercier monseigneur. En partant, il m'a envoyé son joli coffret byzantin, et m'a demandé la permission de m'écrire quelquefois. Eh bien, ma belle ? *Es-tu content, Coucy ?* — C'est une leçon. Je ne l'oublierai pas quand je reviendrai dans le monde. Mais alors j'aurai trente-trois ans, et je n'aurai guère à craindre d'être aimée... et d'un amour comme celui-là !... — Certes, cela est impossible. — N'importe, de toute cette folie il me reste un joli coffret et un ami véritable. Quand j'aurai quarante ans, quand je serai grand'mère, j'intriguerai pour que l'abbé Aubain ait une cure à Paris. Tu le verras, ma chère, et c'est lui qui fera faire la première communion à ta fille.

LETTRE VI.

L'abbé Aubain à l'abbé Bruneau, professeur de théologie à Saint-A***.

N***, mai 1845.

Mon cher maître, c'est le curé de Sainte-Marie qui vous écrit, non plus l'humble desservant de Noirmoutier. J'ai quitté mes marécages et me voilà citadin, installé dans une belle cure, dans la plus grande rue de N***; curé d'une grande église, bien bâtie, bien entretenue, magnifique d'architecture, dessinée dans tous les albums de France. La première fois que j'y ai dit la messe devant un autel de marbre, tout resplendissant de dorures, je me suis demandé si c'était bien moi. Rien de plus vrai. Une de mes joies, c'est de penser qu'aux vacances prochaines vous viendrez me faire visite ; que j'aurai une bonne chambre à vous donner, un bon lit, sans parler de certain bordeaux, que j'appelle mon bordeaux de Noirmoutiers, et qui, j'ose le dire, est digne de vous. Mais, me demanderez-vous, comment de Noirmoutiers à Sainte-Marie ? Vous m'avez laissé à l'entrée de la nef, vous me retrouvez au clocher.

O Melibœe, deus nobis hæc otia fecit.

Mon cher maître, la Providence a conduit à Noirmoutiers une grande dame de Paris, que des malheurs comme il ne nous en arrivera jamais ont réduite momentanément à vivre avec dix mille écus par an. C'est une aimable et bonne personne, malheureusement un peu gâtée par des lectures frivoles et par la compagnie des freluquets de la capitale. S'ennuyant à périr avec un mari dont elle a médiocrement à se louer, elle m'a fait l'honneur de me prendre en affection. C'étaient des cadeaux sans fin, des invitations continuelles, puis chaque jour quelque nouveau projet où j'étais nécessaire. « L'abbé, je veux apprendre le latin... L'abbé, je veux apprendre la botanique. » *Horresco referens*, n'a-t-elle pas voulu que je lui montrasse la théologie ? Où étiez-vous, mon cher maître ? Bref, pour cette soif d'instruction il eût fallu tous nos professeurs de Saint-A***. Heureusement ses fantaisies ne duraient guère, et rarement le cours se prolongeait jusqu'à la troisième leçon. Lorsque je lui avais dit qu'en latin *rosa* veut dire *rose* : « Mais, l'abbé, s'écriait-elle, vous êtes un puits de science ! Comment vous êtes-vous laissé enterrer à Noirmoutiers ? » S'il faut tout vous dire, mon cher maître, la bonne dame, à force de lire de ces méchants livres qu'on fabrique aujourd'hui, s'était mis en tête des idées bien étranges. Un jour elle me prêta un ouvrage qu'elle venait de recevoir de Paris et qui l'avait transportée, *Abeilard*, par M. de Rémusat. Vous l'aurez lu, sans doute, et aurez admiré les savantes recherches de l'auteur, malheureusement dirigées dans un mauvais esprit. Moi, j'avais d'abord sauté au second volume, à la *Philosophie d'Abeilard*, et c'est après l'avoir lu avec le plus vif intérêt que je revins au premier, à la vie du grand hérésiarque. C'était, bien entendu, tout ce que ma grande dame avait daigné lire. Mon cher maître, cela m'ouvrit les yeux. Je compris qu'il y avait danger dans la compagnie des belles dames tant amoureuses de science. Celle-ci rendrait des points à Héloïse pour l'exaltation. Une situation si nouvelle pour moi m'embarrassait fort, lorsque tout d'un coup elle me dit : « L'abbé, il me faut que vous soyez curé de Sainte-Marie ; le titulaire est mort. *Il le faut !* » Aussitôt, elle monte en voiture, va trouver Monseigneur ; et quelques jours après j'étais curé de Sainte-Marie, un peu honteux d'avoir obtenu ce titre par faveur, mais au demeurant enchanté de me voir loin des griffes d'une *lionne* de la capitale. Lionne, mon cher maître, c'est, en patois parisien, une femme à la mode.

Ὦ Ζεῦ, γυναικῶν οἷον ὤπασας γένος (1).

Fallait-il donc repousser la fortune pour braver le péril? Quelque sot! Saint Thomas de Cantorbéry n'accepta-t-il pas les châteaux de Henri II? Adieu, mon cher maître, j'espère philosopher avec vous dans quelques mois, chacun dans un bon fauteuil, devant une poularde grasse et une bouteille de bordeaux, *more philosophorum. Vae let me ama.*

(1) Vers tiré, je crois, des *Sept Chefs devant Thèbes,* d'Eschyle : « O Jupiter! les femmes!... quelle race nous as-tu donnée! » L'abbé Aubain et son maître, l'abbé Bruneau, sont de bons humanistes.

FIN DE L'ABBÉ AUBAIN.

LA DAME DE PIQUE.

PIKOVAÏA DAMA.

LA
DAME DE PIQUE[1].

PIKOVAÏA DAMA.

I.

On jouait chez Naroumof, lieutenant aux gardes à cheval. Une longue nuit d'hiver s'était écoulée sans que

---

(1) La littérature russe est peu connue parmi nous. Le grand poëte Pouchkine et les écrivains modernes de la Russie ont été l'objet d'une étude développée, — le mouvement littéraire de ce pays n'a pas été suivi avec toute l'attention qu'il mérite. C'est que la langue russe est à peu près complétement ignorée en France; les interprètes et les critiques compétents manquent. Un écrivain connu par des œuvres qu'on lira encore quand les gros romans de ces dernières années seront dans l'oubli fait une heureuse exception; car on ne sait peut-être pas que l'auteur de *Colomba* tourne vers le russe la même curiosité pénétrante qu'il a portée vers le zingari, lorsqu'il composait *Carmen*. C'est à lui que nous devons d'avoir fait passer dans notre langue le récit qu'on va lire, et on reconnaîtra dans *la Dame de Pique* une de ces trop rares tentatives où un esprit éminent sait donner à la traduction même un cachet d'originalité. Pouchkine, assurément, ne pouvait trouver un meilleur introducteur dans la littérature française.

(Note de l'éditeur de la *Revue des Deux-Mondes*.)

personne s'en aperçût, et il était cinq heures du matin quand on servit le souper. Les gagnants se mirent à table avec grand appétit ; pour les autres, ils regardaient leurs assiettes vides. Peu à peu néanmoins, le vin de Champagne aidant, la conversation s'anima et devint générale.

— Qu'as-tu fait aujourd'hui, Sourine? demanda le maître de la maison à un de ses camarades.

— Comme toujours, j'ai perdu. En vérité, je n'ai pas de chance. Je joue la *mirandole* ; vous savez si j'ai du sang-froid. Je suis un ponte impassible, jamais je ne change mon jeu, et je perds toujours!

— Comment ! dans toute la soirée, tu n'as pas essayé une fois de mettre sur la rouge? En vérité, ta fermeté me passe.

— Comment trouvez-vous Hermann? dit un des convives en montrant un jeune officier du génie. De sa vie, ce garçon-là n'a fait un paroli ni touché une carte, et il nous regarde jouer jusqu'à cinq heures du matin.

— Le jeu m'intéresse, dit Hermann, mais je ne suis pas d'humeur à risquer le nécessaire pour gagner le superflu.

— Hermann est Allemand ; il est économe, voilà tout,

s'écria Tomski ; mais ce qu'il y a de plus étonnant, c'est ma grand'mère, la comtesse Anna Fedotovna.

— Pourquoi cela? lui demandèrent ses amis.

— N'avez-vous pas remarqué, reprit Tomski, qu'elle ne joue jamais ?

— En effet, dit Naroumof, une femme de quatre-vingts ans qui ne ponte pas, cela est extraordinaire.

— Vous ne savez pas le pourquoi ?

— Non. Est-ce qu'il y a une raison?

—Oh! bien, écoutez. Vous saurez que ma grand'mère, il y a quelque soixante ans, alla à Paris et y fit fureur. On courait après elle pour voir *la Vénus moscovite*. Richelieu lui fit la cour, et ma grand'mère prétend qu'il s'en fallut peu qu'elle ne l'obligeât par ses rigueurs à se brûler la cervelle. Dans ce temps-là, les femmes jouaient au pharaon. Un soir, au jeu de la cour, elle perdit sur parole, contre le duc d'Orléans, une somme très-considérable. Rentrée chez elle, ma grand'mère ôta ses mouches, défit ses paniers, et dans ce costume tragique alla conter sa mésaventure à mon grand-père, en lui demandant de l'argent pour s'acquitter. Feu mon grand-père était une espèce d'intendant pour sa femme. Il la craignait comme le feu, mais le chiffre qu'on lui avoua le fit sauter au plancher ; il s'emporta, se mit à faire ses comptes, et prouva à ma grand'mère qu'en six mois elle avait dépensé un demi-million. Il lui dit nettement qu'il n'avait pas à Paris ses villages des gouvernements de Moskou ou de Saratof, et conclut en refusant les subsides demandés. Vous imaginez bien la fureur de ma grand'mère. Elle lui donna un soufflet et fit lit à part cette nuit-là en témoignage de son indignation. Le lendemain elle revint à la charge. Pour la première fois de sa vie elle voulut bien condescendre à des raisonnements et des explications. C'est en vain qu'elle s'efforça de démontrer à son mari qu'il y a dettes et dettes, et qu'il n'y a pas d'apparence d'en user avec un prince comme avec un carrossier. Toute cette éloquence fut en pure perte, mon grand-père était inflexible. Ma grand'mère ne savait que devenir. Heureusement elle connaissait un homme fort célèbre à cette époque. Vous avez entendu parler du comte de Saint-Germain, dont on débite tant de merveilles. Vous savez qu'il se donnait pour une manière de Juif errant, possesseur de l'élixir de vie et de la pierre philosophale. Quelques-uns se moquaient de lui comme d'un charlatan. Casanova, dans ses mémoires, dit qu'il était espion. Quoi qu'il en soit, malgré le mystère de sa vie, Saint-

Germain était recherché par la bonne compagnie et était vraiment un homme aimable. Encore aujourd'hui ma grand'mère a conservé pour lui une affection très-vive, et elle se fâche tout rouge quand on n'en parle pas avec respect. Elle pensa qu'il pourrait lui avancer la somme dont elle avait besoin, et lui écrivit un billet pour le prier de passer chez elle. Le vieux thaumaturge accourut aussitôt et la trouva plongée dans le désespoir. En deux mots, elle le mit au fait, lui raconta son malheur et la cruauté de son mari, ajoutant qu'elle n'avait plus d'espoir que dans son amitié et son obligeance. Saint-Germain, après quelques instants de réflexion : « Madame, dit-il, je pourrais facilement vous avancer l'argent qu'il vous faut ; mais je sais que vous n'auriez de repos qu'après me l'avoir remboursé, et je ne veux pas que vous sortiez d'un embarras pour vous jeter dans un autre. Il y a un moyen de vous acquitter. Il faut que vous regagniez cet argent...— Mais, mon cher comte, répondit ma grand'mère, je vous l'ai déjà dit, je n'ai plus une pistole... — Vous n'en avez pas besoin, reprit Saint-Germain : écoutez-moi seulement. » Alors il lui apprit un secret que chacun de vous, j'en suis sûr, payerait fort cher.

Tous les jeunes officiers étaient attentifs. Tomski

s'arrêta pour allumer une pipe, avala une bouffée de tabac et continua de la sorte :

— Le soir même, ma grand'mère alla à Versailles au jeu de la reine. Le duc d'Orléans tenait la banque. Ma grand'mère lui débita une petite histoire pour s'excuser de n'avoir pas encore acquitté sa dette, puis elle s'assit et se mit à ponter. Elle prit trois cartes : la première gagna ; elle doubla son enjeu sur la seconde, gagna encore, doubla sur la troisième ; bref, elle s'acquitta glorieusement.

— Pur hasard ! dit un des jeunes officiers.

— Quel conte ! s'écria Hermann.

— C'étaient donc des cartes préparées ? dit un troisième.

— Je ne le crois pas, répondit gravement Tomski.

— Comment ! s'écria Naroumof, tu as une grand'mère qui sait trois cartes gagnantes, et tu n'as pas encore su te les faire indiquer ?

— Ah ! c'est là le diable ! reprit Tomski. Elle avait quatre fils, dont mon père était un. Trois furent des joueurs déterminés, et pas un seul n'a pu lui tirer son secret, qui pourtant leur aurait fait grand bien et à moi aussi. Mais écoutez ce que m'a raconté mon oncle, le comte Ivan Ilitch, et j'ai sa parole d'honneur. Tchaplitzki, — vous savez, celui qui est mort dans la misère après avoir mangé des millions, — un jour, dans sa jeunesse, perdit contre Zoritch environ trois cent mille roubles. Il était au désespoir. Ma grand'mère, qui n'était guère indulgente pour les fredaines des jeunes gens, je ne sais pourquoi, faisait exception à ses habitudes en faveur de Tchaplitzki : elle lui donna trois cartes à jouer l'une après l'autre, en exigeant sa parole d'honneur de ne plus jouer ensuite de sa vie. Aussitôt Tchaplitzki alla trouver Zoritch et lui demanda sa revanche. Sur la première carte, il mit cinquante mille roubles. Il gagna, fit paroli ; en fin de compte, avec ses trois cartes, il s'acquitta et se trouva même en gain... Mais voilà six heures! Ma foi, il est temps d'aller se coucher.

Chacun vida son verre, et l'on se sépara.

II.

La vieille comtesse Anna Fedotovna était dans son cabinet de toilette, assise devant une glace. Trois femmes de chambre l'entouraient : l'une lui présentait un pot de rouge, une autre une boîte d'épingles noires ; une troisième tenait un énorme bonnet de dentelles avec des rubans couleur de feu. La comtesse n'avait plus la moindre prétention à la beauté ; mais elle conservait toutes les habitudes de sa jeunesse, s'habillait à la mode d'il y a cinquante ans, et mettait à sa toilette tout le temps et toute la pompe d'une petite-maîtresse du siècle passé. Sa demoiselle de compagnie travaillait à un métier dans l'embrasure de la fenêtre.

— Bonjour, grand'maman, dit un jeune officier en entrant dans le cabinet ; bonjour, mademoiselle Lise. Grand'maman, c'est une requête que je viens vous porter.

— Qu'est-ce que c'est, Paul ?

— Permettez-moi de vous présenter un de mes amis, et de vous demander pour lui une invitation à votre bal.

— Amène-le à mon bal, et tu me le présenteras là. As-tu été hier chez la princesse *** ?

— Assurément ; c'était délicieux ! On a dansé jusqu'à cinq heures. Mademoiselle Eletzki était à ravir.

— Ma foi, mon cher, tu n'es pas difficile. En fait de beauté, c'est sa grand'mère la princesse Daria Petrovna qu'il fallait voir ! Mais, dis donc, elle doit être bien vieille, la princesse Daria Petrovna ?

— Comment, vieille ! s'écria étourdiment Tomski, il y a sept ans qu'elle est morte !

La demoiselle de compagnie leva la tête et fit un signe au jeune officier. Il se rappela aussitôt que la consigne était de cacher à la comtesse la mort de ses contemporains. Il se mordit la langue ; mais d'ailleurs la comtesse garda le plus beau grand sang-froid en apprenant que sa vieille amie n'était plus de ce monde.

— Morte? dit-elle ; tiens, je ne le savais pas. Nous avons été nommées ensemble demoiselles d'honneur, et quand nous fûmes présentées, l'impératrice...

La vieille comtesse raconta pour la centième fois une anecdote de ses jeunes années. — Paul, dit-elle en finissant, aide-moi à me lever. Lisanka, où est ma tabatière ? — Et, suivie de ses trois femmes de chambre, elle passa derrière un grand paravent pour achever sa toilette. Tomski demeurait en tête-à-tête avec la demoiselle de compagnie.

— Quel est ce monsieur que vous voulez présenter à madame ? demanda à voix basse Lisabeta Ivanovna.

— Naroumof. Vous le connaissez ?

— Non. Est-il militaire ?

— Oui.

— Dans le génie ?

— Non, dans les chevaliers-gardes. Pourquoi donc croyiez-vous qu'il était dans le génie ?

La demoiselle de compagnie sourit, mais ne répondit pas.

— Paul ! cria la comtesse de derrière son paravent, envoie-moi un roman nouveau, n'importe quoi ; seulement, vois-tu, pas dans le goût d'aujourd'hui.

— Comment vous le faut-il, grand'maman ?

— Un roman où le héros n'étrangle ni père ni mère, et où il n'y ait pas de noyés. Rien ne me fait plus de peur que les noyés.

— Où trouver à présent un roman de cette espèce ? En voudriez-vous un russe ?

— Bah! est-ce qu'il y a des romans russes? Tu m'en enverras un ; n'est-ce pas, tu ne l'oublieras pas?

— Je n'y manquerai pas. Adieu, grand'maman, je suis bien pressé. Adieu, Lisabeta Ivanovna. Pourquoi donc vouliez-vous que Naroumof fût dans le génie?

Et Tomski sortit du cabinet de toilette.

Lisabeta Ivanovna, restée seule, reprit sa tapisserie et s'assit dans l'embrasure de la fenêtre. Aussitôt, dans la rue, à l'angle d'une maison voisine, parut un jeune officier. Sa présence fit aussitôt rougir jusqu'aux oreilles la demoiselle de compagnie ; elle baissa la tête et la cacha presque sous son canevas. En ce moment, la comtesse rentra, complétement habillée.

— Lisanka, dit-elle, fais atteler ; nous allons faire un tour de promenade.

Lisabeta se leva aussitôt et se mit à ranger sa tapisserie.

— Eh bien, qu'est-ce que c'est? Petite, es-tu sourde? Va dire qu'on attelle tout de suite.

— J'y vais, répondit la demoiselle de compagnie, et elle courut dans l'antichambre.

Un domestique entra, apportant des livres de la part du prince Paul Alexandrovitch.

— Bien des remerciments. — Lisanka ! Lisanka ! où court-elle comme cela ?

— J'allais m'habiller, madame.

— Nous avons le temps, petite. Assieds-toi, prends le premier volume, et lis-moi.

La demoiselle de compagnie prit le livre et lut quelques lignes.

— Plus haut ! dit la comtesse. Qu'as-tu donc ? Est-ce que tu es enrouée ? Attends, approche-moi ce tabouret... Plus près... Bon.

Lisabeta Ivanovna lut encore deux pages ; la comtesse bâilla.

— Jette cet ennuyeux livre, dit-elle ; quel fatras ! Renvoie cela au prince Paul, et fais-lui bien mes remerciments... Et cette voiture, est-ce qu'elle ne viendra pas ?

— La voici, répondit Lisabeta Ivanovna, en regardant par la fenêtre.

— Eh bien, tu n'es pas habillée ? Il faut donc toujours t'attendre ! c'est insupportable.

Lisabeta courut à sa chambre. Elle y était depuis deux minutes à peine, que la comtesse sonnait de toute sa force ; ses trois femmes de chambre entraient par une porte et le valet de chambre par une autre.

— On ne m'entend donc pas, à ce qu'il paraît ! s'écria la comtesse. Qu'on aille dire à Lisabeta Ivanovna que je l'attends.

Elle entrait en ce moment avec une robe de promenade et un chapeau.

— Enfin, mademoiselle ! dit la comtesse. Mais quelle toilette est-ce là ? Pourquoi cela ? A qui en veux-tu ? Voyons, quel temps fait-il ? Il fait du vent, je crois.

— Non, Excellence, dit le valet de chambre. Au contraire, il fait bien doux.

— Vous ne savez jamais ce que vous dites. Ouvrez-moi le vasistas. Je le disais bien... Un vent affreux ! un froid glacial ! Qu'on dételle ! Lisanka, ma petite, nous ne sortirons pas. Ce n'était pas la peine de te faire si belle.

— Quelle existence ! se dit tout bas la demoiselle de compagnie.

En effet, Lisabeta Ivanovna était une bien malheureuse créature. « Il est amer, le pain de l'étranger, dit Dante ; elle est haute à franchir, la pierre de son seuil. » Mais qui pourrait dire les ennuis d'une pauvre demoiselle de compagnie auprès d'une vieille femme de qualité ? Pourtant la comtesse n'était pas méchante, mais elle avait tous les caprices d'une femme gâtée par le monde. Elle était avare, personnelle, égoïste, comme celle qui depuis longtemps avait cessé de jouer un rôle actif dans la société. Jamais elle ne manquait un bal; et là, fardée, vêtue à la mode antique, elle se tenait dans un coin et semblait placée exprès pour servir d'épouvantail. Chacun, en entrant, allait lui faire un profond salut; mais, la cérémonie terminée, personne ne lui adressait plus la parole. Elle recevait chez elle toute la ville, observant l'étiquette dans sa rigueur et ne pouvant mettre les noms sur les figures. Ses nombreux domestiques, engraissés et blanchis dans son antichambre, ne faisaient que ce qu'ils voulaient, et cependant tout chez elle était au pillage, comme si déjà la mort fût entrée dans sa maison. Lisabeta Ivanovna passait sa vie dans un supplice continuel. Elle servait le thé, et on lui reprochait le sucre gaspillé. Elle lisait des romans à la comtesse, qui la rendait responsable de toutes les sottises des auteurs. Elle accompagnait la noble dame dans ses promenades, et c'était à elle qu'on s'en prenait du mauvais pavé et du mauvais temps. Ses appointements, plus que modestes, n'étaient jamais régulièrement payés, et l'on exigeait qu'elle s'habillât *comme tout le monde*, c'est-à-dire comme fort peu de gens. Dans la société, son rôle était aussi triste. Tous la connaissaient, personne ne la distinguait. Au bal, elle dansait, mais seulement lorsqu'on avait besoin d'un vis-à-vis. Les femmes venaient la prendre par la main et l'emmenaient hors du salon quand il fallait arranger quelque chose à leur toilette. Elle avait de l'amour-propre et sentait profondément la misère de sa position. Elle attendait avec impatience un libérateur pour briser ses chaînes; mais les jeunes gens, prudents au milieu de leur étourderie affectée, se gardaient bien de l'honorer de leurs attentions, et cependant Lisabeta Ivanovna était cent fois plus jolie que ces demoiselles ou effrontées ou stupides qu'ils entouraient de leurs hommages. Plus d'une fois, quittant doucement le luxe et l'ennui du salon, elle allait s'enfermer seule dans sa petite chambre meublée d'un vieux paravent, d'un tapis rapiécé, d'une commode, d'un petit miroir et d'un lit en bois peint; là, elle pleurait tout à son aise, à la lueur d'une chandelle de suif dans un chandelier de laiton.

Une fois, c'était deux jours après la soirée chez Naroumof et une semaine avant la scène que nous venons d'esquisser, un matin, Lisabeta était assise à son métier devant la fenêtre, quand, promenant un regard distrait dans la rue, elle aperçut un officier du génie, immobile, les yeux fixés sur elle. Elle baissa la tête et se remit à son travail avec un redoublement d'application. Au bout de cinq minutes, elle regarda machinalement dans la rue ; l'officier était à la même place. N'ayant pas l'habitude de coqueter avec les jeunes gens qui passaient sous ses fenêtres, elle demeura les yeux fixés sur son métier pendant près de deux heures, jusqu'à ce qu'on vint l'avertir pour dîner. Alors il fallut se lever et ranger ses affaires, et pendant ce mouvement elle revit l'officier à la même place. Cela lui sembla fort étrange. Après le dîner, elle s'approcha de la fenêtre avec une certaine émotion, mais l'officier du génie n'était plus dans la rue. Elle cessa d'y penser.

Deux jours après, sur le point de monter en voiture avec la comtesse, elle le revit planté droit devant la porte, la figure à demi cachée par un collet de fourrure, mais ses yeux noirs étincelaient sous son chapeau. Lisabeta eut peur sans trop savoir pourquoi, et s'assit en tremblant dans la voiture.

De retour à la maison, elle courut à la fenêtre avec un battement de cœur ; l'officier était à sa place habituelle, fixant sur elle un regard ardent. Aussitôt elle se retira, mais brûlante de curiosité et en proie à un sentiment étrange qu'elle éprouvait pour la première fois.

Depuis lors il ne se passa pas de jour que le jeune

ingénieur ne vint rôder sous sa fenêtre. Bientôt, entre elle et lui, s'établit une connaissance muette. Assise à son métier, elle avait le sentiment de sa présence ; elle relevait la tête, et chaque jour le regardait plus longtemps. Le jeune homme semblait plein de reconnaissance pour cette innocente faveur : elle voyait, avec ce regard profond et rapide de la jeunesse, qu'une vive rougeur couvrait les joues pâles de l'officier, chaque fois que leurs yeux se rencontraient. Au bout d'une semaine, elle se prit à lui sourire.

Lorsque Tomski demanda à sa grand'mère la permission de lui présenter un de ses amis, le cœur de la pauvre fille battit bien fort, et, lorsqu'elle sut que Naroumof était dans les gardes à cheval, elle se repentit cruellement d'avoir compromis son secret en le livrant à un étourdi.

Hermann était le fils d'un Allemand établi en Russie, qui lui avait laissé un petit capital. Fermement résolu à conserver son indépendance, il s'était fait une loi de ne pas toucher à ses revenus, vivait de sa solde et ne se passait pas la moindre fantaisie. Il était peu communicatif, ambitieux, et sa réserve fournissait rarement à ses camarades l'occasion de s'amuser à ses dépens. Sous un calme d'emprunt, il cachait des passions violentes, une imagination désordonnée, mais il était toujours maître de lui et avait su se préserver des égarements ordinaires de la jeunesse. Ainsi, né joueur, jamais il n'avait touché une carte, parce qu'il comprenait que sa position ne lui permettait pas (il le disait lui-même) de sacrifier le nécessaire dans l'espérance d'acquérir le superflu ; et cependant il passait des nuits entières devant un tapis vert, suivant avec une anxiété fébrile les chances rapides du jeu.

L'anecdote des trois cartes du comte de Saint-Germain avait fortement frappé son imagination, et toute la nuit il ne fit qu'y penser. — Si pourtant, se disait-il le lendemain soir, en se promenant par les rues de Pétersbourg, si la vieille comtesse me confiait son secret ! si elle voulait seulement me dire trois cartes gagnantes !... Il faut que je me fasse présenter, que je gagne sa confiance, que je lui fasse la cour... Oui ! et elle a quatre-vingt-sept ans ! Elle peut mourir cette semaine, demain peut-être... D'ailleurs, cette histoire... y a-t-il un mot de vrai là dedans ? Non ; l'économie, la tempérance, le travail, voilà mes trois cartes gagnantes ! C'est avec elles que je doublerai, que je déculperai mon capital. C'est elles qui m'assureront l'indépendance et le bien-être.

Rêvant de la sorte, il se trouva dans une des grandes

rues de Pétersbourg, devant une maison d'assez vieille architecture. La rue était encombrée de voitures, défilant une à une devant une façade splendidement illuminée. Il voyait sortir de chaque portière ouverte tantôt le petit pied d'une jeune femme, tantôt la botte à l'écuyère d'un général, cette fois un bas à jour, cette autre un soulier diplomatique. Pelisses et manteaux passaient en procession devant un suisse gigantesque. Hermann s'arrêta. — A qui cette maison ? demanda-t-il à un garde de nuit (*boudoutchnik*) rencogné dans sa guérite.

— A la comtesse ***. C'était la grand'mère de Tomski.

Hermann tressaillit. L'histoire des trois cartes se représenta à son imagination. Il se mit à tourner autour de la maison, pensant à la femme qui l'occupait, à sa richesse, à son pouvoir mystérieux. De retour enfin dans son taudis, il fut longtemps avant de s'endormir, et, lorsque le sommeil s'empara de ses sens, il vit danser devant ses yeux des cartes, un tapis vert, des tas de ducats et de billets de banque. Il se voyait faisant paroli sur paroli, gagnant toujours, empochant des piles de ducats et bourrant son portefeuille de billets. A son réveil, il soupira de ne plus trouver ses trésors fantastiques, et, pour se distraire, il alla de nouveau se promener par la ville. Bientôt il fut en face de la maison de la comtesse ***. Une force invincible l'entraînait. Il s'arrêta et regarda aux fenêtres. Derrière une vitre il aperçut une jeune tête avec de beaux cheveux noirs, penchée gracieusement sur un livre, sans doute, ou sur un métier. La tête se releva; il vit un frais visage et des yeux noirs. Cet instant-là décida de son sort.

III.

Lisabeta Ivanovna ôtait son châle et son chapeau quand la comtesse l'envoya chercher. Elle venait de faire remettre les chevaux à la voiture. Tandis qu'à la porte de la rue deux laquais hissaient la vieille dame à grand'peine sur le marchepied, Lisabeta aperçut le jeune officier tout auprès d'elle ; elle sentit qu'il lui saisissait la main, la peur lui fit perdre la tête, et l'officier avait déjà disparu lui laissant un papier entre les doigts. Elle se hâta de le cacher dans son gant. Pendant toute la route, elle ne vit et n'entendit rien. En voiture, la comtesse avait l'habitude de faire sans cesse des questions : — Qui est cet homme qui nous a saluées? Comment s'appelle ce pont? Qu'est-ce qu'il y a écrit sur cette enseigne?

Lisabeta répondait tout de travers, et se fit gronder par la comtesse.

— Qu'as-tu donc aujourd'hui, petite? A quoi penses-tu donc? Ou bien est-ce que tu ne m'entends pas? Je ne grasseye pas pourtant, et je n'ai pas encore perdu la tête, hein?

Lisabeta ne l'écoutait pas. De retour à la maison, elle courut s'enfermer dans sa chambre et tira la lettre de son gant. Elle n'était pas cachetée, et par conséquent il était impossible de ne pas la lire. La lettre contenait des protestations d'amour. Elle était tendre, respectueuse, et mot pour mot traduite d'un roman allemand; mais Lisabeta ne savait pas l'allemand, et en fut fort contente.

Seulement, elle se trouvait bien embarrassée. Pour la première fois de sa vie, elle avait un secret. Être en correspondance avec un jeune homme! Sa témérité la faisait frémir. Elle se reprochait son imprudence, et ne savait quel parti prendre.

Cesser de travailler à la fenêtre, et, à force de froideur, dégoûter le jeune officier de sa poursuite, — lui renvoyer sa lettre, — lui répondre d'une manière ferme et décidée... à quoi se résoudre? Elle n'avait ni amie ni conseiller; elle se résolut à répondre.

Elle s'assit à sa table, prit du papier et une plume, et médita profondément. Plus d'une fois elle commença une phrase, puis déchira la feuille. Le billet était tantôt trop sec, tantôt il manquait d'une juste réserve. Enfin, à grand'peine, elle réussit à composer quelques lignes dont elle fut satisfaite : « Je crois, écrivit-elle, que vos intentions sont celles d'un galant homme, et que vous ne voudriez pas m'offenser par une conduite irréfléchie ; mais vous comprendrez que notre connaissance ne peut commencer de la sorte. Je vous renvoie votre lettre, et j'espère que vous ne me donnerez pas lieu de regretter mon imprudence. »

Le lendemain, aussitôt qu'elle aperçut Hermann, elle quitta son métier, passa dans le salon, ouvrit le vasistas, et jeta la lettre dans la rue, comptant bien que le jeune officier ne la laisserait pas s'égarer. En effet, Hermann la ramassa aussitôt, et entra dans une boutique de confiseur pour la lire. N'y trouvant rien de décourageant, il rentra chez lui assez content du début de son intrigue amoureuse.

Quelques jours après, une jeune personne aux yeux fort éveillés vint demander à parler à mademoiselle Lisabeta de la part d'une marchande de modes. Lisabeta ne la reçut pas sans inquiétude, prévoyant quelque mémoire arriéré ; mais sa surprise fut grande lorsqu'en ouvrant un papier qu'on lui remit elle reconnut l'écriture de Hermann.

— Vous vous trompez, mademoiselle, cette lettre n'est pas pour moi.

— Je vous demande bien pardon, répondit la modiste avec un sourire malin. Prenez donc la peine de la lire.

Lisabeta y jeta les yeux. Hermann demandait un entretien.

— C'est impossible ! s'écria-t-elle, effrayée et de la hardiesse de la demande et de la manière dont elle lui était transmise. Cette lettre n'est pas pour moi ! Et elle la déchira en mille morceaux.

— Si cette lettre n'est pas pour vous, mademoiselle, pourquoi la déchirez-vous ? reprit la modiste. Il fallait la renvoyer à la personne à qui elle est destinée.

— Mon Dieu ! ma bonne, excusez-moi, dit Lisabeta toute déconcertée ; ne m'apportez plus jamais de lettres, je vous en prie, et dites à celui qui vous envoie qu'il devrait rougir de son procédé.

Mais Hermann n'était pas homme à lâcher prise. Chaque jour Lisabeta recevait une lettre nouvelle, arrivant tantôt d'une manière, tantôt d'une autre. Maintenant ce n'était plus des traductions de l'allemand qu'on lui envoyait. Hermann écrivait sous l'empire d'une passion violente, et parlait une langue qui était bien la sienne. Lisabeta ne put tenir contre ce torrent d'éloquence. Elle reçut les lettres de bonne grâce, et bientôt y répondit. Chaque jour, ses réponses devenaient plus longues et plus tendres. Enfin, elle lui jeta par la fenêtre le billet suivant :

« Aujourd'hui il y a bal chez l'ambassadeur de ***. La comtesse y va. Nous y resterons jusqu'à deux heures. Voici comment vous pourrez me voir sans témoins. Dès que la comtesse sera partie, c'est-à-dire vers onze heures, les gens ne manquent pas de s'éloigner. Il ne restera que le suisse dans le vestibule, et il est presque toujours endormi dans son tonneau. Entrez dès que onze heures sonneront, et aussitôt montez rapidement l'escalier. Si vous trouvez quelqu'un dans l'antichambre, vous demanderez si la comtesse est chez elle : on vous répondra qu'elle est sortie, et alors il faudra bien se résigner et partir ; mais très-probablement vous ne rencontrerez personne. Les femmes de la comtesse sont toutes ensemble dans une chambre éloignée. Arrivé dans l'antichambre, prenez à gauche, et allez tout droit devant vous jusqu'à ce que vous soyez dans la chambre à coucher de la comtesse. Là, derrière un grand paravent, vous trouverez deux portes : celle de droite ouvre dans un cabinet noir, celle de gauche donne dans un corridor au bout duquel est un petit escalier tournant ; il mène à ma chambre. »

Hermann frémissait, comme un tigre à l'affût, en attendant l'heure du rendez-vous. Dès dix heures, il était en faction devant la porte de la comtesse. Il faisait un temps affreux. Les vents étaient déchaînés, la neige tombait à larges flocons. Les réverbères ne jetaient qu'une lueur incertaine ; les rues étaient désertes. De temps en temps passait un fiacre fouettant une rosse maigre, et cherchant à découvrir un passant attardé. Couvert d'une mince redingote, Hermann ne sentait ni le vent ni la neige. Enfin parut la voiture de la comtesse. Il vit deux grands laquais prendre par-dessous les bras ce spectre cassé, et le déposer sur les coussins, bien empaqueté dans une énorme pelisse. Aussitôt après, enveloppée d'un petit manteau, la tête couronnée de fleurs naturelles, Lisabeta s'élança comme un trait dans la voiture. La portière se ferma, et la voiture roula sourdement sur la neige molle. Le suisse ferma la porte de la rue. Les fenêtres du premier étage devinrent sombres, le silence régna dans la maison. Hermann se promenait de long en large. Bientôt il s'approcha d'un réverbère, et regarda à sa montre. Onze heures moins vingt minutes. Appuyé contre le réverbère, les yeux fixés sur l'aiguille, il comptait avec impatience les minutes qui restaient. A onze heures juste, Hermann montait les degrés, ouvrait la porte de la rue, et entrait dans le vestibule, en ce moment fort éclairé. O bonheur ! point de suisse. D'un pas ferme et rapide, il franchit l'escalier en un clin d'œil, et se trouva dans l'antichambre. Là, devant une lampe, un valet de pied dormait étendu dans une vieille bergère toute crasseuse. Hermann passa prestement devant lui, et traversa la salle à manger et le salon, où il n'y avait pas de lumière ; la lampe de l'antichambre lui servait à se guider. Le voilà enfin dans la chambre à coucher. Devant l'armoire sainte, remplie de vieilles images, brûlait une lampe d'or. Des fauteuils dorés, des divans aux couleurs passées et aux coussins moelleux étaient disposés symétriquement le long des murailles tendues de soieries de la Chine. On remarquait d'abord deux grands portraits peints par madame Lebrun. L'un représentait un homme de quarante ans, gros et haut en couleur, en habit vert-clair, avec une plaque sur la poitrine. Le second portrait était celui d'une jeune élégante, le nez aquilin, les cheveux relevés sur les tempes, avec de la poudre et une rose sur l'oreille. Dans tous les coins, on voyait des bergers en porcelaine de Saxe, des vases de toutes formes, des pendules de Leroy, des paniers, des éventails, et les mille joujoux à l'usage des dames, grandes découvertes du siècle dernier, contemporaines des ballons de Montgolfier et du magnétisme de Mesmer. Hermann passa derrière le paravent, qui cachait un petit lit en fer. Il aperçut les deux portes : à droite celle du cabinet noir, à gauche celle du corridor. Il ouvrit cette dernière, vit le petit escalier qui conduisait chez la pauvre demoiselle de compagnie ; puis il referma cette porte, et entra dans le cabinet noir.

Le temps s'écoulait lentement. Dans la maison, tout était tranquille. La pendule du salon sonna minuit, et le silence recommença. Hermann était debout, appuyé contre un poêle sans feu. Il était calme. Son cœur battait par pulsations bien égales, comme celui d'un homme déterminé à braver tous les dangers qui s'offriront à lui, parce qu'il les sait inévitables. Il entendit sonner une heure, puis, deux heures ; puis bientôt après, le roulement lointain d'une voiture. Alors il se sentit ému malgré lui. La voiture approcha rapidement et s'arrêta. Grand bruit aussitôt de domestiques courant dans les escaliers, des voix confuses ; tous les appartements s'illuminent, et trois vieilles femmes de chambre entrent à la fois dans la chambre à coucher ; enfin paraît la comtesse, momie ambulante, qui se laisse tomber dans un grand fauteuil à la Voltaire. Hermann regardait par une fente. Il vit Lisabeta passer tout contre lui et il entendit son pas précipité dans le petit escalier tournant. Au fond du cœur, il sentit bien quelque chose comme un remords, mais cela passa. Son cœur redevint de pierre.

La comtesse se mit à se déshabiller devant un miroir. On lui ôta sa coiffure de roses et on sépara sa perruque poudrée de ses cheveux à elle, tout ras et tout blancs. Les épingles tombaient en pluie autour d'elle. Sa robe jaune, lamée d'argent, glissa jusqu'à ses pieds gonflés. Hermann assista malgré lui à tous les détails peu ragoûtants d'une toilette de nuit ; enfin la comtesse demeura en peignoir et en bonnet de nuit. En ce costume plus convenable à son âge, elle était un peu moins effroyable.

Comme la plupart des vieilles gens, la comtesse était tourmentée par des insomnies. Après s'être déshabillée, elle fit rouler son fauteuil dans l'embrasure d'une fenêtre et congédia ses femmes. On éteignit les bougies, et la chambre ne fut plus éclairée que par la lampe qui brûlait devant les saintes images. La comtesse, toute jaune, toute ratatinée, les lèvres pendantes, se balançait doucement à droite et à gauche. Dans ses yeux ternes on lisait l'absence de la pensée ; et, en la regardant se brandiller ainsi, on eût dit qu'elle ne se mouvait pas par l'action de la volonté, mais par quelque mécanisme secret.

Tout à coup ce visage de mort changea d'expression. Les lèvres cessèrent de trembler, les yeux s'animèrent. Devant la comtesse, un inconnu venait de paraître : c'était Hermann.

— N'ayez pas peur, madame, dit Hermann à voix basse, mais en accentuant bien ses mots. Pour l'amour de Dieu, n'ayez pas peur. Je ne veux pas vous faire le moindre mal. Au contraire, c'est une grâce que je viens implorer de vous.

La vieille le regardait en silence, comme si elle ne comprenait pas. Il crut qu'elle était sourde, et, se penchant à son oreille, il répéta son exorde. La comtesse continua à garder le silence.

— Vous pouvez, continua Hermann, assurer le bonheur de toute ma vie, et sans qu'il vous en coûte rien... Je sais que vous pouvez me dire trois cartes qui...

Hermann s'arrêta. La comtesse comprit sans doute ce qu'on voulait d'elle ; peut-être cherchait-elle une réponse. Elle dit :

— C'était une plaisanterie... je vous le jure, une plaisanterie.

— Non, madame, répliqua Hermann d'un ton colère. Souvenez-vous de Tchaplitzki, que vous fîtes gagner...

La comtesse parut troublée. Un instant, ses traits exprimèrent une vive émotion, mais bientôt ils reprirent une immobilité stupide.

— Ne pouvez-vous pas, dit Hermann, m'indiquer trois cartes gagnantes ?

La comtesse se taisait ; il continua :

— Pourquoi garder pour vous ce secret ? — Pour vos petits-fils ? Ils sont riches sans cela. Ils ne savent pas le prix de l'argent. A quoi leur serviraient vos trois cartes ? Ce sont des débauchés. Celui qui ne sait pas garder son patrimoine mourra, dans l'indigence, eût-il la science des démons à ses ordres. Je suis un homme rangé, moi ; je connais le prix de l'argent. Vos trois cartes ne seront pas perdues pour moi. Allons...

Il s'arrêta, attendant une réponse en tremblant. La comtesse ne disait mot.

Hermann se mit à genoux.

— Si votre cœur a jamais connu l'amour, si vous vous rappelez ses douces extases, si vous avez jamais souri au cri d'un nouveau-né, si quelque sentiment humain a jamais fait battre votre cœur, je vous en supplie par l'amour d'un époux, d'un amant, d'une mère, par tout ce qu'il y a de saint dans la vie, ne rejetez pas ma prière. Révélez-moi votre secret! — Voyons! — Peut-être se lie-t-il à quelque péché terrible, à la perte de votre bonheur éternel? N'auriez-vous pas fait quelque pacte diabolique?... Pensez-y, vous êtes bien âgée, vous n'avez plus longtemps à vivre. Je suis prêt à prendre sur mon âme tous vos péchés, à en répondre seul devant Dieu! —Dites-moi votre secret! — Songez que le bonheur d'un homme se trouve entre vos mains, que non-seulement moi, mais mes enfants, mes petits-enfants, nous bénirons tous votre mémoire et vous vénérerons comme une sainte.

La vieille comtesse ne répondit pas un mot.

Hermann se releva.

— Maudite vieille, s'écria-t-il en grinçant des dents, je saurai bien te faire parler! Et il tira un pistolet de sa poche.

A la vue du pistolet, la comtesse, pour la seconde fois, montra une vive émotion. Sa tête branla plus fort, elle étendit ses mains comme pour écarter l'arme, puis, tout d'un coup, se renversant en arrière, elle demeura immobile.

— Allons ! cessez de faire l'enfant, dit Hermann en lui saisissant la main. Je vous adjure pour la dernière fois. Voulez-vous me dire vos trois cartes, oui ou non ?

La comtesse ne répondit pas. Hermann s'aperçut qu'elle était morte.

IV.

Lisabeta Ivanovna était assise dans sa chambre, encore en toilette de bal, plongée dans une profonde méditation. De retour à la maison, elle s'était hâtée de congédier sa femme de chambre en lui disant qu'elle n'avait besoin de personne pour se déshabiller, et elle était montée dans son appartement, tremblant d'y trouver Hermann, désirant même de ne l'y pas trouver. Du premier coup d'œil, elle s'assura de son absence et remercia le hasard qui avait fait manquer leur rendez-vous. Elle s'assit toute pensive, sans songer à changer de toilette, et se mit à repasser dans sa mémoire toutes les circonstances d'une liaison commencée depuis si peu de temps, et qui pourtant l'avait déjà menée si loin. Trois semaines s'étaient à peine écoulées depuis que de sa fenêtre elle avait aperçu le jeune officier, et déjà elle lui avait écrit, et il avait réussi à obtenir d'elle un rendez-vous la nuit. Elle savait son nom, voilà tout. Elle en avait reçu quantité de lettres, mais jamais il ne lui avait adressé la parole; elle ne connaissait pas le son de sa voix. Jusqu'à ce soir-là même, chose étrange, elle n'avait jamais entendu parler de lui. Ce soir-là, Tomski, croyant s'apercevoir que la jeune princesse Pauline***, auprès de laquelle il était fort assidu, coquetait, contre son habitude, avec un autre que lui, avait voulu s'en venger en faisant parade d'indifférence. Dans ce beau dessein, il avait invité Lisabeta pour une interminable mazurka. Il lui fit force plaisanteries sur sa partialité pour les officiers de l'arme du génie, et, tout en feignant d'en savoir beaucoup plus qu'il n'en disait, il arriva que quelques-unes de ses plaisanteries tombèrent si juste, que plus d'une fois Lisabeta put croire que son secret était découvert.

— Mais enfin, dit-elle en souriant, de qui tenez-vous tout cela ?

— D'un ami de l'officier que vous savez. D'un homme très-original.

— Et quel est cet homme si original ?

— Il s'appelle Hermann.

Elle ne répondit rien, mais elle sentit ses mains et ses pieds se glacer.

— Hermann est un héros de roman, continua Tomski. Il a le profil de Napoléon et l'âme de Méphistophélès. Je crois qu'il a au moins trois crimes sur la conscience. Comme vous êtes pâle !

— J'ai la migraine. — Eh bien ! que vous a dit ce M. Hermann ? N'est-ce pas ainsi que vous l'appelez ?

— Hermann est très-mécontent de son ami, de l'officier du génie que vous connaissez. Il dit qu'à sa place il en userait autrement. Et puis, je parierais que Hermann a ses projets sur vous. Du moins il paraît écouter avec un intérêt fort étrange les confidences de son ami...

— Et où m'a-t-il vue ?

— A l'église, peut-être ; à la promenade, Dieu sait où, peut-être dans votre chambre pendant que vous dormiez. Il est capable de tout....

En ce moment, trois dames s'avançant, selon les us de la mazurka, pour l'inviter à choisir entre *oubli ou regret* (1), interrompirent une conversation qui excitait douloureusement la curiosité de Lisabeta Ivanovna.

(1) Chacun de ces mots désigne une dame. Le cavalier en répète un au hasard et doit exécuter une figure avec la dame a qui appartient le mot choisi.

La dame qui, en vertu de ces infidélités que la mazurka autorise, venait d'être choisie par Tomski était la princesse Pauline. Il y eut entre eux une grande explication pendant les évolutions répétées que la figure les obligeait à faire et la conduite très-lente jusqu'à la chaise de la dame. De retour auprès de sa danseuse, Tomski ne pensait plus ni à Hermann ni à Lisabeta Ivanovna. Elle essaya vainement de continuer la conversation, mais la mazurka finit, et aussitôt après la vieille comtesse se leva pour sortir.

Les phrases mystérieuses de Tomski n'étaient autre chose que des platitudes à l'usage de la mazurka, mais elles étaient entrées profondément dans le cœur de la pauvre demoiselle de compagnie. Le portrait ébauché par Tomski lui parut d'une ressemblance frappante, et, grâce à son érudition romanesque, elle voyait dans le visage assez insignifiant de son adorateur de quoi la charmer et l'effrayer tout à la fois. Elle était assise les mains dégantées, les épaules nues; sa tête parée de fleurs tombait sur sa poitrine, quand tout à coup la porte s'ouvrit, et Hermann entra. Elle tressaillit.

— Où étiez-vous ? lui demanda-t-elle toute tremblante.

— Dans la chambre à coucher de la comtesse, répondit Hermann. Je la quitte à l'instant : elle est morte.

— Bon Dieu !... que dites-vous !

— Et je crains, continua-t-il, d'être cause de sa mort.

Lisabeta Ivanovna le regardait tout effarée, et la phrase de Tomski lui revint à la mémoire : « Il a au moins trois crimes sur la conscience : » Hermann s'assit auprès de la fenêtre, et lui raconta tout.

Elle l'écouta avec épouvante. Ainsi, ces lettres si passionnées, ces expressions brûlantes, cette poursuite si hardie, si obstinée, tout cela; l'amour ne l'avait pas inspiré. L'argent seul, voilà ce qui enflammait son âme. Elle qui n'avait que son cœur à lui offrir, pouvait-elle le rendre heureux ? Pauvre enfant ! elle avait été l'instrument aveugle d'un voleur, du meurtrier de sa vieille bienfaitrice. Elle pleurait amèrement dans l'agonie de son repentir. Hermann la regardait en silence ; mais ni les larmes de l'infortunée, ni sa beauté rendue plus touchante par la douleur ne pouvaient ébranler cette âme de fer. Il n'avait pas un remords en songeant à la mort de la comtesse. Une seule pensée le déchirait, c'était la perte irréparable du secret dont il avait attendu sa fortune.

— Mais vous êtes un monstre ! s'écria Lisabeta après un long silence.

— Je ne voulais pas la tuer, répondit-il froidement ; mon pistolet n'était pas chargé.

Ils demeurèrent longtemps sans se parler, sans se regarder. Le jour venait, Lisabeta éteignit la chandelle qui brûlait dans la bobèche. La chambre s'éclaira d'une lumière blafarde. Elle essuya ses yeux noyés de pleurs, et les leva sur Hermann. Il était toujours près de la fenêtre, les bras croisés, fronçant le sourcil. Dans cette attitude, il lui rappela involontairement le portrait de Napoléon. Cette ressemblance l'accabla.

— Comment vous faire sortir d'ici ? lui dit-elle enfin. Je pensais à vous faire sortir par l'escalier dérobé, mais il faudrait passer par la chambre de la comtesse, et j'ai trop peur...

— Dites-moi seulement où je trouverai cet escalier dérobé ; j'irai bien seul.

Elle se leva, chercha dans un tiroir une clé qu'elle remit à Hermann, en lui donnant tous les renseignements nécessaires. Hermann prit sa main glacée, déposa un baiser sur son front qu'elle baissait, et sortit.

Il descendit l'escalier tournant et entra dans la chambre de la comtesse. Elle était assise dans son fauteuil, toute roide ; les traits de son visage n'étaient point contractés. Il s'arrêta devant elle, et la contempla quelque temps comme pour s'assurer de l'effrayante réalité ; puis il entra dans le cabinet noir, et, en tâtant la tapisserie, découvrit une petite porte qui ouvrait sur un escalier. En descendant, d'étranges idées lui vinrent en tête. — Par cet escalier, se disait-il, il y a quelque soixante ans, à pareille heure, sortant de cette chambre à coucher, en habit brodé, coiffé *à l'oiseau royal*, serrant son chapeau à trois cornes contre sa poitrine, on aurait pu surprendre quelque galant, enterré depuis longues années, et, aujourd'hui même, le cœur de sa vieille maîtresse a cessé de battre.

Au bout de l'escalier, il trouva une autre porte que sa clé ouvrit. Il entra dans un corridor, et bientôt il gagna la rue.

V.

Trois jours après cette nuit fatale, à neuf heures du matin, Hermann entrait dans le couvent de***, où l'on devait rendre les derniers devoirs à la dépouille mortelle de la vieille comtesse. Il n'avait pas de remords, et cependant il ne pouvait se dissimuler qu'il était l'assassin de cette pauvre femme. N'ayant pas de foi, il avait, selon l'ordinaire, beaucoup de superstition. Persuadé que la comtesse morte pouvait exercer une maligne influence sur sa vie, il s'était imaginé qu'il apaiserait ses mânes en assistant à ses funérailles.

L'église était pleine de monde, et il eut beaucoup de peine à trouver place. Le corps était déposé sur un riche catafalque, sous un baldaquin de velours. La comtesse était couchée dans sa bière, les mains jointes sur la poitrine, avec une robe de satin blanc et des coiffes de dentelles. Autour du catafalque, la famille était réunie; les domestiques en cafetan noir, avec un nœud de ru=

bans armoriés sur l'épaule, un cierge à la main; les parents en grand deuil, enfants, petits-enfants, arrière-petits-enfants, personne ne pleurait; les larmes eussent passé pour *une affectation*. La comtesse était si vieille, que sa mort ne pouvait surprendre personne, et l'on s'était accoutumé depuis longtemps à la regarder comme déjà hors de ce monde. Un prédicateur célèbre prononça l'oraison funèbre. Dans quelques phrases simples et touchantes, il peignit le départ final du juste, qui a passé de longues années dans les préparatifs attendrissants d'une fin chrétienne. « L'ange de la mort l'a enlevée, dit l'orateur, au milieu de l'allégresse de ses pieuses méditations et dans l'attente du FIANCÉ DE MINUIT. » Le service s'acheva dans le recueillement convenable. Alors les parents vinrent faire leurs derniers adieux à la défunte. Après eux, en longue procession, tous les invités à la cérémonie s'inclinèrent pour la dernière fois devant celle qui, depuis tant d'années, avait été un épouvantail pour leurs amusements. La maison de la comtesse s'avança la dernière. On remarquait une vieille gouvernante du même âge que la défunte, soutenue par deux femmes. Elle n'avait pas la force de s'agenouiller, mais des larmes coulèrent de ses yeux quand elle baisa la main de sa maîtresse.

A son tour, Hermann s'avança vers le cercueil. Il s'agenouilla un moment sur les dalles jonchées de branches de sapin. Puis il se leva, et, pâle comme la mort, il monta les degrés du catafalque et s'inclina... quand tout à coup il lui sembla que la morte le regardait d'un air moqueur en clignant un œil. Hermann, d'un brusque mouvement, se rejeta en arrière et tomba à la renverse. On s'empressa de le relever. Au même instant, sur le parvis de l'église, Lisabeta Ivanovna tombait sans connaissance. Cet épisode troubla pendant quelques minutes la pompe de la cérémonie funèbre ; les assistants chuchotaient, et un chambellan chafouin, proche parent de la défunte, murmura à l'oreille d'un Anglais qui se trouvait près de lui : — « Ce jeune officier est un fils de la comtesse, de la main gauche, s'entend. » A quoi l'Anglais répondit : — Oh !

Toute la journée, Hermann fut en proie à un malaise extraordinaire. Dans le restaurant solitaire où il prenait ses repas, il but beaucoup contre son habitude, dans l'espoir de s'étourdir ; mais le vin ne fit qu'allumer son imagination et donner une activité nouvelle aux idées qui le préoccupaient. Il rentra chez lui de bonne heure, se jeta tout habillé sur son lit, et s'endormit d'un sommeil de plomb.

Lorsqu'il se réveilla, il était nuit, la lune éclairait sa chambre. Il regarda l'heure ; il était trois heures moins un quart. Il n'avait plus envie de dormir. Il était assis sur son lit et pensait à la vieille comtesse.

En ce moment, quelqu'un dans la rue s'approcha de la fenêtre comme pour regarder dans sa chambre, et passa aussitôt. Hermann y fit à peine attention. Au bout d'une minute, il entendit ouvrir la porte de son antichambre. Il crut que son dentschik (1), ivre selon son habitude, rentrait de quelque excursion nocturne ; mais bientôt il distingua un pas inconnu. Quelqu'un entrait en traînant doucement des pantoufles sur le parquet. La porte s'ouvrit, et une femme vêtue de blanc s'avança dans sa chambre. Hermann s'imagina que c'était sa vieille nourrice, et il se demanda ce qui pouvait l'amener à cette heure de la nuit ; mais la femme en blanc, traversant la chambre avec rapidité, fut en un moment au pied de son lit, et Hermann reconnut la comtesse !

— Je viens à toi contre ma volonté, dit-elle d'une voix ferme. Je suis contrainte d'exaucer ta prière. Trois — sept — as — gagneront pour toi l'un après l'autre ; mais tu ne joueras pas plus d'une carte en vingt-quatre heures, et après, pendant toute ta vie, tu ne joueras

(1) Soldat, domestique d'un officier.

plus ! Je te pardonne ma mort, pourvu que tu épouses ma demoiselle de compagnie, Lisabeta Ivanovna.

A ces mots, elle se dirigea vers la porte et se retira en traînant encore ses pantoufles sur le parquet. Hermann l'entendit pousser la porte de l'antichambre, et vit un instant après une figure blanche passer dans la rue et s'arrêter devant la fenêtre comme pour le regarder.

Hermann demeura quelque temps tout abasourdi ; il se leva et entra dans l'antichambre. Son dentschik, ivre comme à l'ordinaire, dormait couché sur le parquet. Il eut beaucoup de peine à le réveiller, et n'en put obtenir la moindre explication. La porte de l'antichambre était fermée à clé. Hermann rentra dans sa chambre et écrivit aussitôt toutes les circonstances de sa vision.

VI.

Deux idées fixes ne peuvent exister à la fois dans le monde moral, de même que dans le monde physique deux corps ne peuvent occuper à la fois la même place. Trois — sept — as — effacèrent bientôt dans l'imagination de Hermann le souvenir des derniers moments de la vieille comtesse. Trois — sept — as — ne lui sortaient plus de la tête et venaient à chaque instant sur ses lèvres. Rencontrait-il une jeune personne dans la rue : — Quelle jolie taille ! disait-il ; elle ressemble à un trois de cœur. — On lui demandait l'heure ; il répondait : Sept de carreau moins un quart. Tout gros homme qu'il voyait lui rappelait un as. Trois — sept — as — le suivaient en songe, et lui apparaissaient sous maintes formes étranges. Il voyait des trois s'épanouir comme des *magnolia grandiflora*. Des sept s'ouvraient en portes gothiques ; des as se montraient suspendus comme des araignées monstrueuses. Toutes ses pensées se concentraient vers un seul but : Comment mettre à profit ce secret si chèrement acheté? Il songeait à demander un congé pour voyager. A Paris, se disait-il, il découvrirait quelque maison de jeu où il ferait en trois coups sa fortune. Le hasard le tira bientôt d'embarras.

Il y avait à Moscou une société de joueurs riches, sous la présidence du célèbre Tchekalinski, qui avait passé toute sa vie à jouer, et qui avait amassé des millions, car il gagnait des billets de banque et ne perdait que de l'argent blanc. Sa maison magnifique, sa cuisine excellente, ses manières ouvertes, lui avaient fait de nombreux amis et lui attiraient la considération générale. Il vint à Pétersbourg. Aussitôt la jeunesse accourut dans ses salons, oubliant les bals pour les soirées de jeu et préférant les émotions du tapis vert aux séductions de la coquetterie. Hermann fut conduit chez Tchekalinski par Naroumof.

Ils traversèrent une longue enfilade de pièces remplies de serviteurs polis et empressés. Il y avait foule partout. Des généraux et des conseillers privés jouaient au whist. Des jeunes gens étaient étendus sur les divans, prenant des glaces et fumant de grandes pipes. Dans le salon principal, devant une longue table autour de laquelle se serraient une vingtaine de joueurs, le maître de la maison tenait une banque de pharaon. C'était un homme de soixante ans environ, d'une physionomie douce et noble, avec des cheveux blancs comme la neige. Sur son visage plein et fleuri, on lisait la bonne humeur et la bienveillance. Ses yeux brillaient d'un sourire perpétuel. Naroumof lui présenta Hermann. Aussitôt Tchekalinski lui tendit la main, lui dit qu'il était le bienvenu, qu'on ne faisait pas de cérémonies dans sa maison, et il se remit à tailler.

La taille dura longtemps ; on pontait sur plus de trente cartes. A chaque coup, Tchekalinski s'arrêtait pour laisser aux gagnants le temps de faire des paroli, payait, écoutait civilement les réclamations, et plus civilement encore faisait abattre les cornes qu'une main distraite s'était permises.

Enfin la taille finit; Tchekalinski mêla les cartes et se prépara à en faire une nouvelle.

— Permettez-vous que je prenne une carte? dit Hermann allongeant la main par-dessus un gros homme qui obstruait tout un côté de la table. Tchekalinski, en lui adressant un gracieux sourire, s'inclina poliment en signe d'acceptation. Naroumof complimenta en riant Hermann sur la fin de son austérité d'autrefois, et lui souhaita toute sorte de bonheur pour son début dans la carrière du jeu.

— Va ! dit Hermann après avoir écrit un chiffre sur le dos de sa carte.

— Combien? demanda le banquier en clignant des yeux. Excusez, je ne vois pas.

— Quarante-sept mille roubles, dit Hermann.

A ces mots, toutes les têtes se levèrent, tous les regards se dirigèrent sur Hermann. Il a perdu l'esprit, pensa Naroumof.

— Permettez-moi de vous faire observer, monsieur, dit Tchekalinski avec son éternel sourire, que votre jeu est un peu fort. Jamais on ne ponte ici que deux cent soixante-quinze roubles sur le simple.

— Bon, dit Hermann ; mais faites-vous ma carte, oui ou non ?

Tchekalinski s'inclina en signe d'assentiment.

— Je voulais seulement vous faire observer, dit-il, que bien que, je sois parfaitement sûr de mes amis, je ne puis tailler que devant de l'argent comptant. Je suis parfaitement convaincu que votre parole vaut de l'or ; cependant, pour l'ordre du jeu et la facilité des calculs, je vous serai obligé de mettre de l'argent sur votre carte.

Hermann tira de sa poche un billet et le tendit à Tchekalinski, qui, après l'avoir examiné d'un clin d'œil, le posa sur la carte de Hermann.

Il tailla, à droite vint un dix, à gauche un trois.

— Je gagne, dit Hermann en montrant sa carte.

Un murmure d'étonnement circula parmi les joueurs. Un moment, les sourcils du banquier se contractèrent, mais aussitôt son sourire habituel reparut sur son visage.

— Faut-il régler ? demanda-t-il au gagnant.

— Si vous avez cette bonté.

Tchekalinski tira des billets de banque de son portefeuille et paya aussitôt. Hermann empocha son gain et quitta la table. Naroumof n'en revenait pas. Hermann but un vert de limonade et rentra chez lui.

Le lendemain au soir, il revint chez Tchekalinski, qui était encore à tailler. Hermann s'approcha de la table ; cette fois, les pontes s'empressèrent de lui faire une place. Tchekalinski s'inclina d'un air caressant.

Hermann attendit une nouvelle taille, puis prit une carte sur laquelle il mit ses quarante-sept mille roubles et, en outre, le gain de la veille.

Tchekalinski commença à tailler. Un valet sortit à droite, un sept à gauche.

Hermann montra un sept.

Il y eut un ah! général. Tchekalinski était évidemment mal à son aise. Il compta quatre-vingt-quatorze mille roubles et les remit à Hermann, qui les prit avec le plus grand sang-froid, se leva et sortit aussitôt.

Il reparut le lendemain à l'heure accoutumée. Tout le monde l'attendait ; les généraux et les conseillers privés avaient laissé leur whist pour assister à un jeu si extraordinaire. Les jeunes officiers avaient quitté les divans, tous les gens de la maison se pressaient dans la salle. Tous entouraient Hermann. A son entrée, les autres joueurs cessèrent de ponter dans leur impatience de le voir aux prises avec le banquier, qui pâle, mais toujours souriant, le regardait s'approcher de la table et se disposer à jouer seul contre lui. Chacun d'eux défit à la fois un paquet de cartes. Tchekalinski mêla et Hermann coupa ; puis il prit une carte et la couvrit d'un monceau de billets de banque. On eût dit les apprêts d'un duel. Un profond silence régnait dans la salle.

Tchekalinski commença à tailler ; ses mains tremblaient. A droite, on vit sortir une dame ; à gauche un as.

—L'as gagne, dit Hermann, et il découvrit sa carte.

— Votre dame a perdu, dit Tchekalinski d'un ton de voix mielleux.

Hermann tressaillit. Au lieu d'un as, il avait devant lui une dame de pique. Il n'en pouvait croire ses yeux, et ne comprenait pas comment il avait pu se méprendre de la sorte.

Les yeux attachés sur cette carte funeste, il lui sembla que la dame de pique clignait de l'œil et lui souriait d'un air railleur. Il reconnut avec horreur une ressemblance étrange entre cette dame de pique et la défunte comtesse...

— Maudite vieille ! s'écria-t-il épouvanté.

Tchekalinski, d'un coup de rateau, ramassa tout son gain. Hermann demeura longtemps immobile, anéanti. Quand enfin il quitta la table de jeu, il y eut un moment de causerie bruyante. Un fameux ponte ! disaient les joueurs. Tchekalinski mêla les cartes, et le jeu continua.

CONCLUSION.

Hermann est devenu fou. Il est à l'hôpital d'Oboukhof, le n° 17. Il ne répond à aucune question qu'on lui adresssse, mais on l'entend répéter sans cesse : trois — sept — as ! — trois, — sept, — dame !

Lisabeta Ivanovna vient d'épouser un jeune homme très-aimable, fils de l'intendant de la défunte comtesse. Il a une bonne place, et c'est un garçon fort rangé. Lisabeta a pris chez elle une pauvre parente dont elle fait l'éducation.

Tomski a passé chef d'escadron. Il a épousé la princesse Pauline***.

LES BOHÉMIENS.

LES BOHÉMIENS.

(TSYGANY.)

— TRADUIT DE POUCHKINE. —

Des Bohémiens, troupe bruyante, vont errants en Bessarabie ; aujourd'hui sur la rive du fleuve, ils plantent leurs tentes déchirées. Douce comme l'indépendance est leur nuitée ; qu'on dort bien à la belle étoile ! Entre les roues des charriots, derrière des lambeaux de tapis, on voit briller le feu. La horde alentour apprête son souper. Sur le gazon, les chevaux paissent à l'aventure. Un ours apprivoisé a pris son gîte auprès d'une tente. Tout est en mouvement au milieu du désert ; on part demain à l'aube et chacun fait gaiement ses préparatifs. Les femmes chantent, les enfants crient, les marteaux font résonner l'enclume de campagne. Mais bientôt sur la bande vagabonde s'étend le silence du sommeil et le calme de la steppe n'est plus troublé que par le hurlement des chiens et le hennissement des chevaux. Tout repose, les feux s'éteignent, la lune brille seule dans le lointain des cieux, versant sa lumière sur la horde endormie. Dans une tente solitaire, un vieillard ne dort point encore. Assis devant quelques charbons, et recueillant leur mourante chaleur, il regarde la plaine où s'étend le brouillard de la nuit. Sa fille est allée courir la campagne déserte. Libre enfant, elle ne connaît que son caprice. Elle reviendra... mais voici la nuit et bientôt la lune va disparaître derrière les nuages à l'horizon. Zemfira ne revient pas, et l'humble souper du vieillard se refroidit à l'attendre.

Mais, la voici. Derrière elle, sur la steppe, un jeune homme s'avance; il est inconnu au bohémien : — «Père, dit la jeune fille, j'amène un hôte. Derrière le Kourgane (1), là-bas dans le désert, je l'ai rencontré et je l'amène au camp pour la nuit. Il veut devenir bohémien comme nous. La justice le poursuit, mais en moi il trouvera une bonne compagne. Il s'appelle Aleko ; il me suivra partout. »

LE VIEILLARD.

Bien ; reste jusqu'à demain à l'ombre de notre tente, plus longtemps, si tu veux. L'abri, le pain nous les partagerons. Sois des nôtres. Tu t'accoutumeras à nos façons, à notre vie errante, à la misère, à la liberté. De-

(1) Tumulus.

main au point du jour, un même charriot nous emportera tous les trois. Prends un métier, choisis ; forge le fer ou chante des chansons en promenant l'ours de village en village.

ALEKO.

Je reste.

ZEMFIRA.

Il est à moi, qui pourrait me l'arracher ? mais il est tard. La jeune lune a disparu. La brume couvre la campagne et mes yeux se ferment malgré moi.

———————

Il est jour. Le vieillard tourne à pas lents autour d'une tente silencieuse : « Debout Zemfira, le soleil est levé ! Réveille-toi, mon hôte, il est temps, il est temps. Quittez enfants, la couche de la paresse. » Aussitôt la horde s'épand à grand bruit. On plie les tentes, les charriots sont prêts à partir. Tout s'ébranle à la fois. Les voilà cheminant par les plaines désertes. Des ânes ouvrent la marche portant dans des paniers des enfants qui se jouent. Derrière viennent les maris, les frères, les femmes, les filles, jeunes et vieux. Que de cris ! quel tapage ! Aux refrains de la Bohême se mêlent les grognements de l'ours qui mort impatiemment sa chaîne. Quelle bigarrure de haillons aux couleurs éclatantes ! Les chiens hurlent à la cornemuse qui ronfle, tandis que les roues grincent sur le gravier. Cohue, misère, sauvagerie ! Mais tout cela est si plein de vie et de mouvement ! Fi de notre mollesse inerte comme la mort, fi de notre indolente langueur, monotone comme les chants de l'esclave !

———

Le jeune homme promène un regard découragé sur la plaine déserte. Il n'ose s'avouer à lui-même la cause secrète de sa tristesse. Pourtant, Zemfira, la belle aux yeux noirs, est à ses côtés. Maintenant, il est libre et le monde est devant lui. Sur sa tête un radieux soleil brille dans sa splendeur de midi. Pourquoi le cœur du jeune homme tressaille-t-il en sa poitrine ? quel secret ennui le tourmente ?

. . . .

« L'oiselet du bon Dieu ne connaît ni souci ni travail.
« Pourquoi se fatiguerait-il à tresser un lit et solide et
« durable ? La nuit est longue, un rameau lui suffit
« pour dormir. Vienne le soleil en sa gloire, l'oiselet
« entend la voix de Dieu, il secoue ses plumes et chante
« sa chanson.

« Après le printemps, splendeur de la nature, vient
« l'été avec ses ardeurs ; puis arrive le tardif automne

« amenant et brouillards et froidure. Pauvres humains,
« tristes humains! Vers de lointaines contrées, en de
« tièdes climats, au-delà de la mer bleue, l'oiselet s'en-
« vole jusqu'au printemps (1). »

Il est comme l'insouciant oiselet, l'exilé nomade. Pour lui point de gîte fixé, point d'accoutumance. Tout lui est chemin ; partout il trouve un abri pour sa nuitée. L'aube le réveille, il abandonne sa journée à la volonté de Dieu, et le travail de la vie ne troublera pas le calme indolent de son cœur. Parfois les enchantements de la gloire scintillent à ses yeux comme une étoile lointaine ; parfois il se ressouvient du luxe et des plaisirs. Souvent la foudre gronde sur sa tête isolée, mais sous la tempête, comme sous un ciel serein il s'endort insouciant. Ainsi vit Aleko, oubliant la malice de l'aveugle destin. Autrefois, grand Dieu! quelles passions se jouèrent de cette âme docile! Comme elles bouillonnaient en ce cœur bourrelé! Elles l'ont abandonné depuis longtemps... Pour longtemps? Se réveilleront-elles un jour?
— Qu'il attende!

(1) Les deux strophes entre guillemets sont d'une autre mesure que le reste du poëme.

ZEMFIRA.

Ami, dis-moi, ne regrettes-tu pas ce que tu as quitté pour toujours?

ALEKO.

Qu'ai-je donc quitté?

ZEMFIRA.

Tu sais... une famille, les villes...

ALEKO.

Moi des regrets! Si tu savais, si tu pouvais t'imaginer l'esclavage de ces villes où l'on étouffe! Là, les hommes parqués, entassés, n'ont jamais respiré l'air frais du matin, ni les parfums printanniers des prairies. Ils ont honte d'aimer. La pensée... ils la chassent loin d'eux. Ils font marchandise de leur liberté. Rampants aux pieds des idoles, ils leur demandent de l'argent et des chaînes. Qu'ai-je quitté? Trahisons impudentes, préjugés sans appel, haines insensées de la foule, ou bien le déshonneur au pinnacle et resplendissant.

ZEMFIRA.

Mais, là on voit de grands palais, des tapis aux mille couleurs, des jeux, des fêtes bruyantes.... et les habits des femmes, comme ils sont riches!

ALEKO.

La joie des villes, vain bruit; là point d'amour, point

de vraie joie. Les femmes... ah! que tu vaux mieux qu'elles, toi qui n'as besoin ni de leurs riches parures ni de leurs perles ni de leurs colliers. Tu ne me tromperas pas, mon amie... Si jamais!... Mon seul désir c'est de partager avec toi, amour, paix, exil volontaire.

LE VIEILLARD.

Tu nous aimes toi, bien que né parmi les riches ; mais celui-là ne s'habitue pas facilement à la liberté, qui a connu les délices du luxe. Chez nous, on conte cette histoire. Un jour, dans ce pays, vint un homme du sud, exilé par un roi. Autrefois j'ai su son nom bizarre, mais je l'ai oublié. Vieux d'années il était jeune de cœur, ardent pour le bien. Il avait le don divin des chansons et sa voix était comme le bruit des eaux. Tous l'aimaient. Il vivait aux bords du Danube, ne faisant de mal à personne, charmant jeunes et vieux par ses récits. Il ne s'entendait à rien, timide et faible comme un enfant. Il fallait que des étrangers lui apportassent gibier et poissons pris dans leurs filets; et quand le fleuve rapide se couvrait de glaces, quand soufflaient les rudes autans, ils préparaient au saint vieillard une couche moelleuse avec de chaudes toisons. Mais, lui, jamais il ne s'accoutuma à cette vie de misère. Il était pâle, desséché. La colère d'un Dieu, disait-il, le poursuivait pour une faute. Toujours il attendait, et la délivrance ne venait pas. Errant sur la rive du Danube, il se lamentait sans cesse, et des larmes amères coulaient de ses yeux au souvenir de son lointain pays. Enfin, mourant, il voulut qu'on portât ses os vers le sud, croyant que, même après sa mort, ils ne pourraient trouver le repos dans la terre de l'exil.

ALEKO.

Voilà donc le sort de tes enfants, ô Rome, ô souveraine du monde! Chantre des amours, chantre des Dieux, dis-moi qu'est-ce que la gloire? un écho sortant d'une tombe, un cri d'admiration, une rumeur qui retentit d'âge en âge, ou bien sous l'abri d'une hutte enfumée, le récit d'un sauvage bohémien!

Deux ans se passent, et toujours la Bohème joyeuse et vagabonde; partout, comme naguères elle trouve la paix et l'hospitalité. Aleko a secoué les chaînes de la civilisation : libre comme ses hôtes, sans soucis, sans regrets, il prend place à leurs bivouacs. Il n'a pas changé; ses amis sont les mêmes. Oubliant ses jours d'autrefois il a pris les mœurs des Bohémiens. Comme eux, il se plaît sous l'abri d'une tente; il goûte les énivrements de leur éternelle paresse; il aime jusqu'à leur langue, pauvre et sonore. Déserteur de sa bauge des bois, l'ours est devenu l'hôte bien fourré de sa tente. Dans les villages, sur la route qui traverse la steppe et mène à la capitale de la Moldavie, l'ours danse lourdement au milieu d'une foule circonspecte. Il beugle et mord impatiemment sa chaîne. Appuyé sur son bâton de voyage, le vieillard marque nonchalamment la mesure sur son tambourin. Aleko conduit la bête en chantant des chansons. Zemfira passe devant les villageois et recueille leurs offrandes volontaires. Vient la nuit : Tous les trois font bouillir le grain qu'ils n'ont pas moissonné. Le vieillard s'endort, le feu s'éteint ; tout repose ; tout est tranquille sous leur tente.

Aux rayons d'un soleil de printemps le vieillard réchauffe son sang déjà engourdi ; devant un berceau sa fille chante une chanson d'amour ; Aleko écoute et pâlit.

ZEMFIRA.

« Vieux jaloux, méchant jaloux, coupe-moi, brûle-moi ; je suis ferme, je n'ai peur ni du couteau ni du feu.

Je te hais, je te méprise, j'en aime un autre ; je meurs en l'aimant. »

ALEKO.

Finis. Ce chant me fatigue. Je n'aime pas ces chansons sauvages.

ZEMFIRA.

Cela ne te plaît pas? que m'importe! je chante la chanson pour moi.

Elle chante :

« Coupe-moi, brûle-moi, je ne dirai rien; vieux jaloux, méchant jaloux tu ne sauras pas son nom.

« Il est plus frais que le printemps, plus ardent qu'un jour d'été; qu'il est jeune et hardi! comme il m'aime.

« Comme je l'ai caressé quand tu dormais la nuit! comme nous avons ri tous les deux de tes cheveux blancs. »

ALEKO.

Tais-toi Zemfira! j'en ai entendu assez.

ZEMFIRA.

Ha! tu prends la chanson pour toi?

ALEKO.

Zemfira!

ZEMFIRA.

Fâche-toi si tu veux..... Oui, je chante la chanson pour toi.

(Elle sort en chantant le refrain).

LE VIEILLARD.

Oui, il m'en souvient. C'est de mon temps qu'on a fait cette chanson; on s'en amusait, on en faisait rire les gens. Quand nous campions dans la steppe de Kagoul, par une nuit d'hiver, ma pauvre Maryoula la chantait en berçant sa fille auprès du feu. Dans mon esprit les années qui ne sont plus, heure par heure, deviennent toujours plus confuses. Cette chanson s'est glissée dans ma mémoire et n'en est plus sortie.

Tout est silencieux. Il est nuit. La lune resplendit au sud dans un ciel azuré; Zemfira réveille le vieillard. — Père! Aleko est effrayant. Écoute. Dans un sommeil de plomb il geint et sanglote.

LE VIEILLARD.

Ne le touche pas. Ne fais pas de bruit. Sais-tu ce que dit le Russe? A l'heure de minuit l'esprit familier serre la gorge aux dormeurs. Devant l'aube il s'enfuit. Reste auprès de moi.

ZEMFIRA.

Père, il parle, il appelle Zemfira.

LE VIEILLARD.

Il te cherche même en rêve. Tu lui es plus chère que la vie.

ZEMFIRA.

Son amour me fatigue. Il m'ennuie. Mon cœur reveut sa liberté, et déjà... Mais, chut, écoute, il prononce un autre nom.

LE VIEILLARD.

Quel nom ?

ZEMFIRA.

Écoute; quel râle douloureux ! Il grince des dents... Il fait peur. Je vais le réveiller.

LE VIEILLARD.

Tu l'essayerais en vain. Ne trouble pas l'esprit de la nuit. Il s'en ira de lui-même.

ZEMFIRA.

Il s'agite, il se soulève, il m'appelle, le voilà réveillé. Je vais à lui. Adieu. Dors.

ALEKO.

Où étais-tu ?

ZEMFIRA.

J'étais à veiller auprès de mon père. Tout à l'heure un esprit te tourmentait. En songe ton âme souffrait la torture. Tu m'as effrayée. Tu râlais, tu grinçais des dents, et puis tu m'as appelée.

ALEKO.

J'ai rêvé de toi. Il me semblait qu'entre nous... J'ai fait un rêve horrible.

ZEMFIRA.

Menteries que ces rêves-là. N'y crois pas.

ALEKO.

Ah! je ne crois à rien, ni aux rêves, ni aux doux serments, non plus même à ton cœur.

LE VIEILLARD.

Pourquoi, jeune insensé, soupirer toujours? Ici les hommes sont libres, le ciel est serein, et les femmes se vantent de leur beauté. Ne pleure pas. Le chagrin te tuera.

ALEKO.

Père! Elle ne m'aime plus!

LE VIEILLARD.

Console-toi, ami. C'est un enfant. Ta mélancolie n'a pas de raison. Aimer, pour toi c'est amertume et douleur. Aimer, c'est un jeu pour un cœur de femme. Regarde: sous cette voute là-haut, la lune erre en liberté. A toute la nature, tour à tour, elle verse sa lumière. Elle entrevoit un nuage: soudain elle l'éclaire,

il resplendit ; mais voilà qu'elle passe à un autre, où elle
ne s'arrêtera pas plus longtemps. Qui lui assignerait une
place au ciel ? Qui lui dirait : Reste là ? Qui peut dire au
cœur d'une jeune fille : Rien qu'un amour, jamais de
changement ?... Console-toi ?

ALEKO.

Comme elle m'aimait autrefois ! Comme elle se pressait tendrement sur moi, dans nos haltes au milieu de
la steppe ! Que les heures de la nuit passaient vite ! Gaie
comme un enfant, d'un mot bégayé à l'oreille, d'un
baiser enivrant, elle chassait ma mélancolie. Zemfira
infidèle !... Ne plus m'aimer !...

LE VIEILLARD.

Écoute ; je te raconterai une histoire de moi-même.
Il y a longtemps, lorsque le Moscovite n'effrayait pas
encore le Danube, — vois-tu, je rappelle de vieux ennuis, — alors nous tremblions au nom du sultan ; un pacha commandait au Boudjak, du haut des tours d'Akerman. J'étais jeune, mon cœur bouillonnait dans sa
joie, et sur ma tête, dans mes tresses touffues, on n'eût
pas trouvé un poil blanc. Parmi nos jeunes beautés, il
y en avait une... et longtemps elle fut le soleil pour
moi. Enfin, mienne elle devint.

Ah ! ma jeunesse a passé rapide comme l'étoile qui

fils, mais pour toi le temps de l'amour s'est encore plus vite écoulé. Maryoula m'aima un an.

Une fois, près des eaux de Kagoul, nous fîmes rencontre d'une horde étrangère. C'étaient des Bohémiens. Ils plantèrent leurs tentes près de nous, au pied de la montagne. Deux nuits nous campâmes ensemble. Ils partirent la troisième nuit : Maryoula partit avec eux... Je dormais tranquille. Le jour vint : je m'éveille. Elle n'est plus là. Je cherche, j'appelle ; la trace même avait disparu. La petite Zemfira pleurait ; moi, je pleurai aussi...

Depuis ce jour toutes les filles du monde ne furent rien pour moi. Jamais, parmi elles, mon regard ne chercha une compagne, et mes loisirs solitaires, je ne les partageai avec personne.

ALEKO.

Mais pourquoi ne pas courir aussitôt sur les traces de l'infâme ? Comment n'as-tu pas plongé ton couteau dans le sein du ravisseur et de ta fausse compagne ?

LE VIEILLARD.

Pourquoi ? La jeunesse n'est-elle pas plus volontaire que l'oiseau ? Quelle force arrêterait l'amour ? Le plaisir se donne à chacun, tour à tour. Ce qui a été ne sera plus.

ALEKO.

Telle n'est pas mon humeur. Je ne renonce pas à mes droits sans dispute, ou, du moins, je goûte le plaisir de la vengeance. Non! Je rencontrerais au bord de la mer mon ennemi endormi, près d'un gouffre sans fond, que je sois maudit, si mon pied ne le poussait dans l'abîme! Il serait à ma merci, sans défense, je le précipiterais dans les flots, j'insulterais à l'épouvante de son réveil, je jouirais de son agonie, et longtemps le bruit de sa chute retentirait à mon oreille et me serait un souvenir de joie et de risée.

UN JEUNE BOHÉMIEN.

Encore un seul, un seul baiser!

ZEMFIRA.

Adieu! mon mari est jaloux et méchant.

LE JEUNE BOHÉMIEN.

Un seul, mais plus long, pour adieu...

ZEMFIRA.

Adieu! J'ai peur qu'il ne vienne...

LE BOHÉMIEN.

Dis, quand nous reverrons-nous?

ZEMFIRA.

Cette nuit; quand la lune sera couchée. Là-bas, au Kourgâne, près du tombeau.

LE BOHÉMIEN.

Menteuse ! Elle ne viendra pas.

ZEMFIRA.

Cours, ami. Le voilà ! Je viendrai.

Aleko dort; une inquiète vision l'obsède. Il se réveille en criant. Le jaloux étend la main, mais sa main effrayée n'a saisi qu'une couverture froide. Sa compagne n'est plus auprès de lui. Tremblant, il se lève. Tout est tranquille. Il frémit, il transit, il brûle. Il sort de sa tente, et, pâle, tourne autour des charlots. Nul bruit; la campagne est muette. L'obscurité règne, la lune s'est plongée dans le brouillard. A la tremblante lueur des étoiles, sur la rosée, il a deviné des pas. Ils mènent au Kourgâne. Il se précipite sur ces traces funestes. Voilà le tombeau blanc qui se dresse au bord du sentier. Un sinistre pressentiment l'agite, il marche en chancelant. Ses lèvres tremblent, ses genoux fléchissent : il avance et... Est-ce un rêve ? Deux ombres sont là, près de lui, et il entend le murmure de voix qui se parlent sur la tombe profanée.

PREMIÈRE VOIX.

Il est temps.

DEUXIÈME VOIX.

Demeure encore...

PREMIÈRE VOIX.

Il le faut, ami, séparons-nous.

DEUXIÈME VOIX.

Non, non, restons jusqu'au jour.

PREMIÈRE VOIX.

L'heure nous presse.

DEUXIÈME VOIX.

Quelle timide amoureuse ! Un instant !

PREMIÈRE VOIX.

Tu me perds !

DEUXIÈME VOIX.

Un moment.

PREMIÈRE VOIX.

Si mon mari se réveillait sans moi ?...

ALEKO.

Il s'est réveillé. Où allez-vous ? Demeurez tous les deux. Vous êtes bien là ; oui là, sur cette tombe.

ZEMFIRA.

Ami, sauve-toi, fuis !

ALEKO.

Arrête! Où vas-tu, beau galant? Tiens!
(Il le frappe de son couteau.)

ZEMFIRA.

Aleko!

LE BOHÉMIEN.

Je suis mort!

ZEMFIRA.

Aleko! ne le tue pas! Mais tu es couvert de sang! Qu'as-tu fait?

ALEKO.

Rien. A présent respire son amour.

ZEMFIRA.

Eh bien je ne te crains pas! Je méprise tes menaces. Assassin, je te maudis.

ALEKO la frappant.

Meurs donc aussi!

ZEMFIRA.

Je meu   l'aimant.

L'orient s'éclaire de ses premiers feux. Sur le tertre, Aleko tout sanglant, le couteau à la main, est assis sur la pierre du tombeau. A ses pieds gisent deux cadavres.

Les traits du meurtrier sont effrayants. Une troupe effarée de Bohémiens l'entoure. Sur le Kourgâne même, à ses pieds, ils creusent une fosse. Les femmes, l'une après l'autre, s'avancent et baisent les yeux des morts. Le vieillard, le père, est assis, regardant la victime, immobile, silencieux. On soulève les cadavres, et le jeune couple est déposé au sein froid de la terre. Aleko les contemple à l'écart, et quand la dernière poignée de terre est jetée sur la fosse, sans dire un mot, il glisse de la pierre, et tombe sur le gazon.

Alors le vieillard :

« Loin de nous, homme orgueilleux ! Nous sommes des sauvages qui n'avons pas de lois. Chez nous point de bourreaux, point de supplices ; nous ne demandons aux coupables ni leur sang, ni leurs larmes. Mais nous ne vivons pas avec un assassin. Tu es libre, vis seul. Ta voix nous ferait peur. Nous sommes des gens timides et doux ; toi, tu es cruel et hardi. Séparons-nous. Adieu ; que la paix soit avec toi ! »

Il dit ; à grand bruit toute la horde se lève et s'empresse à quitter son campement sinistre. Bientôt tout a disparu dans le lointain de la steppe. Seulement un chariot, couvert d'un tapis déchiré, demeure en arrière sur la plaine.

Ainsi, aux approches de l'hiver, devant les premiers brouillards, on voit s'envoler à grands cris, vers le sud, une volée de grues retardataires. Atteinte par un plomb funeste, une seule demeure, traînant son aile blessée sur la terre.

La nuit vint. Devant le chariot abandonné, nul feu ne brilla cette nuit : sous la couverture du chariot, personne ne dormit jusqu'à l'aurore.

ÉPILOGUE.

Ainsi par le pouvoir des vers, dans ma mémoire obscurcie, revivent les visions des jours écoulés parmi la liesse ou l'ennui. Dans ces lieux, longtemps, longtemps a retenti l'effrayante voix de la guerre. Là le Russe a marqué une frontière à Stamboul. Là notre vieil aigle, à la double tête, entend redire encore ses gloires passées. C'est là, au milieu de la steppe, sur des retranchements en ruines, que je rencontrai les chariots des Bohémiens, ces paisibles fils de la liberté.

Mais le bonheur ne se trouve pas même parmi vous,

fants pauvres de la nature, et sous vos tentes trouées il y a des rêves qui sont des supplices. Nomades, le désert même n'a pas d'abri contre la douleur ou le crime. Partout les passions, partout l'inexorable destin.

FIN DES BOHÉMIENS.

LE HUSSARD.

LE HUSSARD

(GOUSSAR.)

— TRADUIT DE POUCHKINE. —

L'étrille à la main, tout en pansant son cheval, il grommelait entre ses dents avec humeur : « C'est bien le grand diable d'enfer qui m'a donné ce maudit billet de logement !

Ici, on vous guette un homme comme quand on se fusille aux avant-postes en Turquie. A grand'peine des choux pour tout potage ; et le rogome... compte dessus et bois de l'eau.

Ici, pour toi le bourgeois est un tigre qui t'espionne, et la bourgeoise.... ah ! bien, oui ! essaye de fermer la porte. Rien ne réussit avec elle, ni le sentiment ni les coups de cravache.

Parlez-moi de Kief ! quel bon pays ! Les petits pâtés vous pleuvent tout chauds dans la bouche ; aux étuves, veux-tu de la vapeur?... voilà du vin. Et les femmes... Ah ! les petites coquines !

Morbleu! on donnerait son âme pour un regard de ces belles aux sourcils noirs. Elles n'ont qu'un petit défaut, un seul.... — Et quel défaut? dis-moi, soldat.

Il tordit sa longue moustache, et dit : Pataud, parlant par respect, tu es peut-être un luron; mais tu es un blanc-bec, et tu n'as pas vu ce que j'ai vu.

Allons, écoute. Notre régiment était sur le Dnieper. Mon hôtesse était jolie, bon enfant; son mari était mort. Note bien cela.

Nous devînmes bons amis. Toujours d'accord : c'était charmant. Quand je la battais, la Marousenka n'eût pas dit un mot plus haut que l'autre.

Quand je me grisais, elle me couchait et me faisait la soupe à l'oignon. Je n'avais qu'à faire un signe : Hé! la commère !.... La commère ne disait jamais non.

Enfin, pas moyen de se fâcher. Fallait vivre heureux, sans se quereller. Eh bien! non; je m'avisai d'être jaloux. Que veux-tu ? C'est le diable sans doute qui me poussait.

Pourquoi donc, me dis-je, se lève-t-elle au chant du coq? Qui la vient chercher? La Marousenka me jouerait-elle quelque tour? Ou bien est-ce le diable qui la vient emporter ?

Je me mets à l'espionner. Un soir, je me couche et

je cligne des yeux. La nuit était plus noire qu'une prison ; et dehors, un temps de chien.

Je la guigne. Ma commère saute tout doucement à bas du poêle, elle me tâte ; je fais le dormeur ; elle s'assied devant le poêle, souffle sur un charbon.

Et allume un bout de chandelle. Pour lors, dans un coin, sur une planche, elle déniche un flacon ; puis, s'asseyant sur le balai devant le poêle,

Elle se déshabille nue comme la main. Ensuite elle avale trois gorgées du flacon... aussitôt, à cheval sur un balai, elle enfile le tuyau de la cheminée, et bonsoir ! la voilà partie.

Ha ! ha ! me dis-je là-dessus. C'est donc que la commère est une païenne ? Attends, ma petite colombe. — Je saute à bas du poêle, et j'avise le flacon.

Je flaire, cela sentait l'aigre. Pouah ! j'en jette deux gouttes à terre. Bon ! voilà la pelle, puis après un baquet, qui s'envolent par le poêle. — Je me dis : Cela se gâte.

Je regarde ; sous un banc dormait un matou. Je lui en jette une goutte sur le dos. Ft, ft ! comme il jure ! — Au chat ! dis-je... Voilà mon matou après le baquet.

Alors à tort et à travers j'arrose la chambre dans tous les coins ; tant pis qui en attrape ! et aussitôt chaudrons, bancs, tables, au galop ! tout gagne le poêle et disparaît.

Diable ! dis-je. Tâtons-en, nous aussi. Je ne fais qu'une gorgée du reste de la bouteille, et.... crois-moi si tu veux, je me trouve en l'air aussitôt, moi aussi, léger comme une plume.

Plus vite que le vent je vole, je vole, je vole. Où allais-je, je n'en sais rien, je ne voyais rien. A peine rencontrant quelque étoile, avais-je le temps de lui crier gare ! Enfin voilà que je descends.

Je regarde : une montagne. Sur cette montagne des marmites qui bouillaient; on chante, on joue, on siffle; sale jeu, ma foi ! on mariait un Juif avec une grenouille.

Je crachai, et je voulus leur dire... quand accourt la Marousa. — Vite au logis ! Qui t'amène ici, vaurien? On va te manger ! — Mais moi, qui ne boude pas:

— « Au logis ? et de par tous les diables ! comment trouver mon chemin? — Ah ! tu fais le drôle de corps. Tiens ce fourgon. Enfourche-le; et file-moi vite, mauvais gredin.

— Moi ! moi, enfourcher un fourgon ! moi, hussard de l'Empereur ! Ah ! carogne ! Est-ce que je me suis donné au diable ? Et pour me parler ainsi, as-tu une peau de rechange ?

Un cheval ! — Allons, imbécile ! Tiens, voilà un cheval. — En effet, un cheval est devant moi. Il gratte la terre, il est tout feu, le col en arc et la queue en trompette.

— A cheval ! — Bon ! me voilà sur son dos. Je cherche les rênes, point de rênes. Il part, il m'emporte. Quel train ! Et je me retrouve devant notre poêle.

Je regarde, tout est en place ; c'est bien moi ; je suis à cheval, mais sous moi, pas de cheval... un vieux banc. Voilà ce qui arrive dans ces pays-là.

Il se mit à tordre sa longue moustache et conclut : Pataud, parlant par respect, tu es peut-être un luron ; mais tu es un blanc-bec, et tu n'as pas vu ce que j'ai vu.

FIN DU HUSSARD.

NICOLAS GOGOL.

Nouvelles russes. — Mèrtvyia doûchi (les Ames mortes). — Revizor (l'Inspecteur général).

NICOLAS GOGOL.

Je n'ai lu de M. Gogol que les trois ouvrages dont je viens de transcrire les titres, c'est-à-dire un recueil de nouvelles, un roman et une comédie. Je crois qu'il a encore publié des lettres, qui ont fait sensation dans son pays, sur des sujets philosophiques et religieux. Mon incompétence en ces matières me fait moins regretter de ne pouvoir en rendre compte. D'ailleurs, comme romancier et comme auteur dramatique, M. Gogol me paraît mériter une étude particulière, et il ne lui manque peut-être qu'une langue plus répandue pour obtenir en Europe une réputation égale à celle des meilleurs *humoristes* anglais.

Observateur fin jusqu'à la minutie, habile à surprendre le ridicule, hardi à l'exposer, mais enclin à l'outrer jusqu'à la bouffonnerie, M. Gogol est avant tout un satirique plein de verve. Il est impitoyable contre les sots et les méchants, mais il n'a qu'une arme à sa disposition : c'est l'ironie; trop acérée quelquefois contre le ridicule, elle semble, par contre, bien émoussée contre le crime, et c'est au crime qu'il s'attache trop souvent. Son comique est toujours un peu près de la farce, e sa gaieté n'est guère communicative. Si parfois il fait rire son lecteur, il lui laisse cependant au fond de l'âme un sentiment d'amertume et d'indignation : c'est que ses satires n'ont pas vengé la société, elles n'ont fait que la mettre en colère.

Comme peintre de mœurs, M. Gogol excelle dans les scènes familières. Il tient de Téniers et de Callot. On croit avoir vu ses personnages et avoir vécu avec eux, car il nous fait connaître leurs manies, leurs tics, leurs moindres gestes. Celui-ci grassoye, celui-là blaise, cet autre siffle parce qu'il a perdu une incisive. Malheureusement, tout absorbé par cette étude minutieuse des détails, M. Gogol néglige un peu trop de les rattacher à une action suivie. A vrai dire, il n'y a pas de plan dans ses ouvrages, et, chose étrange dans un écrivain qui se pique surtout de naturel, il ne se préoccupe nullement de la vraisemblance dans la composition générale. Les scènes les plus finement traitées s'enchaînent mal ; elles commencent, elles se terminent brusquement ; maintes fois l'extrême insouciance de l'auteur pour la composition détruit comme à plaisir l'illusion produite par la vérité des descriptions et le naturel du dialogue.

Le maître immortel de cette école de narrateurs décousus, mais ingénieux et attachants, dans laquelle M. Gogol a droit à un rang distingué, c'est Rabelais, qu'on ne saurait trop admirer ni trop étudier; mais l'imiter aujourd'hui, c'est, je crois, chose difficile et, de plus, dangereuse. Malgré les grâces inexprimables de sa vieille langue, on ne peut lire de suite vingt pages de Rabelais. On se lasse promptement de ce bien dire, si original, si coloré, mais dont le but échappe toujours, sauf à quelques Œdipes comme Le Duchat ou Éloi Johanneau. De même que les yeux se fatiguent à observer des animalcules au microscope, l'esprit se fatigue à la lecture de ces pages brillantes, où pas un mot n'est à retrancher peut-être, mais que peut-être aussi on pourrait supprimer tout entières de l'ouvrage dont elles font partie sans lui faire perdre sensiblement de son mérite. L'art de choisir parmi les innombrables traits que nous offre la nature est, après tout, bien plus difficile que celui de les observer avec attention et de les rendre avec exactitude.

La langue russe, qui est, autant que j'en puis juger, le plus riche des idiomes de l'Europe, semble faite pour exprimer les nuances les plus délicates. Douée d'une merveilleuse concision qui s'allie à la clarté, il lui suffit d'un mot pour associer plusieurs idées qui, dans une autre langue, exigeraient des phrases entières. Le français, renforcé de grec et de latin, appelant à son aide tous ses patois du Nord et du Midi, la langue de Rabelais enfin, peut seule donner une idée de cette souplesse et de cette énergie. On conçoit qu'un si admirable instrument exerce une influence considérable sur le talent d'un écrivain qui se sent habile à le manier. Il se complaît nécessairement dans le pittoresque de ses expressions, de même qu'un dessinateur qui a de la main et un vieux crayon de Brookman s'applique involontairement à tracer des contours d'une exquise finesse. Rien de mieux sans doute; mais il y a peu de choses qui n'aient leur mauvais côté. Le précieux du faire est un mérite considérable, s'il est réservé aux parties capitales d'une composition. Qu'il soit uniformément prodigué à tous les accessoires, il répandra, je le crains, un peu de monotonie sur l'ensemble.

J'ai dit que la satire était, à mon avis, le caractère particulier du talent de M. Gogol. Il ne voit en beau ni les choses ni les hommes : cela ne veut pas dire qu'il soit un observateur infidèle; mais ses études de mœurs dénotent une certaine préférence pour le laid et le triste. Sans doute ces deux fâcheux éléments n'existent que trop dans la nature, et c'est précisément parce qu'ils se rencontrent si souvent qu'il ne faudrait pas s'appliquer à leur recherche avec une insatiable curiosité. On se ferait une idée terrible de la Russie, de la *sainte Russie,* comme disent ses enfants, si on ne la jugeait que par les tableaux qu'en a tracés M. Gogol. Il ne nous y montre guère que des imbéciles, quand il ne nous offre pas des coquins à pendre. C'est, on le sait, le défaut des satiriques de ne voir partout que le gibier qu'ils chassent, et il est prudent de ne pas les croire sur parole. Aristophane a beau employer son admirable génie à noircir ses compatriotes, il ne nous empêchera pas d'aimer l'Athènes de Périclès.

C'est en province que M. Gogol choisit d'ordinaire ses personnages, imitant en cela M. de Balzac, dont les ouvrages ont pu n'être pas sans influence sur son talent. La facilité moderne des communications en Europe a donné aux classes élevées de tous les pays, et même aux habitants des grandes capitales, des manières qui se ressemblent, manières de convention, adoptées par l'usage, comme le frac et le chapeau rond. Cherchez aujourd'hui dans la classe moyenne et loin des grandes villes des mœurs nationales et des originaux. En province, on a encore des habitudes primitives et des préjugés, chose qui devient plus rare de jour en jour. Les gentilshommes campagnards, qui ne font qu'une fois dans leur vie le voyage de Saint-Pétersbourg, qui, vivant toute l'année dans leurs terres, mangent beaucoup, lisent peu et ne pensent guère, tels sont les types que M. Gogol affectionne, ou plutôt qu'il poursuit de ses railleries et de ses sarcasmes. On lui reproche, m'a-t-on dit, certain patriotisme provincial. Petit-Russien, il aurait je ne sais quelle prédilection pour la Petite-Russie au préjudice du reste de l'empire. Pour moi, je le trouve assez impartial ou même trop général dans ses critiques, trop sévère pour tout ce qui devient le sujet de ses observations. Pouchkine fut accusé, fort à tort à mon avis, de scepticisme, d'immoralité et de satanisme ; pourtant il a découvert dans un vieux manoir sa délicieuse *Tatiana :* on regrette que M. Gogol n'ait pas eu un bonheur semblable.

Je ne connais point les dates des différents ouvrages de M. Gogol, mais je serais porté à croire que ses nouvelles ont été publiées les premières. Il me semble y voir une certaine incertitude dans la manière de l'auteur, qui cherche, en tâtonnant un peu, le genre où l'appelle le caractère de son talent, qu'il ne connaît pas encore. Roman historique inspiré par la lecture de Walter Scott, légende fantastique, étude psychologique, tableau de mœurs sentimental et grotesque à la fois, ce recueil, qui, grâce à une traduction de M. Viardot, a déjà reçu un accueil flatteur du public français, contient comme un abrégé de tous les essais de l'auteur. Si ma conjecture est juste, il a dû se demander pendant quelque temps s'il prendrait pour modèle Sterne, Walter Scott, Chamisso ou Hoffmann. Il a mieux fait plus tard, en suivant la route qu'il s'est frayée lui-même.

Tarass Boulba est la première nouvelle de ce recueil et la plus longue, car elle occupe à elle seule les deux tiers du volume : c'est un tableau animé et, autant que je puis le croire, exact des mœurs des Zaporogues, ce peuple singulier auquel Voltaire a consacré quelques lignes dans son *Histoire de Charles XII*. Au XVIe et au XVIIe siècle, les Zaporogues ont joué un grand rôle dans les annales de la Russie et de la Pologne ; ils formaient alors une république de soldats ou plutôt de flibustiers, établis dans les îles du Dnieper, nominalement sujets tantôt des rois de Pologne, tantôt des grands-ducs de Moscovie, quelquefois même de la Porte ottomane. Dans le fond, bandits très-indépendants, ils étendaient leurs ravages avec une grande impartialité sur tous leurs voisins. Dans leurs villes, espèces de campements de nomades, ils ne souffraient pas de femmes ; c'était là que les cosaques amoureux de la gloire allaient se former et apprendre le métier de partisan. L'égalité la plus parfaite régnait dans la horde tant qu'elle était en repos dans ses marécages du Dnieper. Alors les chefs ou *atamans* ne parlaient à leurs administrés que le bonnet à la main. Dans une expédition, au contraire, leur pouvoir était illimité, et la désobéissance au capitaine de campagne (*ataman kotchevoï*) était considérée comme le plus grand des crimes. Nos flibustiers du XVIIe siècle ont bien des traits de ressemblance avec les Zaporogues, et l'histoire des uns et des autres conserve le souvenir de prodiges d'audace et de cruautés horribles. *Tarass Boulba* est un de ces héros avec lesquels, comme dit l'étudiant de Schiller, les relations sont possibles quand on tient à la main un fusil bien chargé. Je suis de ceux qui goûtent fort les bandits, non que j'aime à les rencontrer sur mon chemin ; mais, malgré moi, l'énergie de ces hommes en lutte contre la société tout entière m'arrache une admiration dont j'ai honte. J'ai lu autrefois avec ravissement la vie de Morgan, de l'Olonnais et de Mombars l'exterminateur, et je ne m'ennuierais pas aujourd'hui à la relire. Pourtant il y a bandits et bandits. Je trouve que la gloire de ces messieurs gagne singulièrement à être de fraîche date. Les bandits véritables font toujours tort à ceux du mélodrame, et le dernier pendu efface immanquablement la renommée de ses devanciers. Aujourd'hui ni Mombars ni Tarass Boulba ne peuvent exciter autant d'intérêt que ce Mussoni qui, le mois dernier, soutenait un siége en règle dans un trou de loup contre cent cinquante hommes, et qu'il fallut attaquer avec la sape et la mine. M. Gogol a fait de ses Zaporogues des portraits d'un coloris brillant qui plaît par son étrangeté même ; mais il est trop évident parfois qu'il ne les a pas copiés d'après nature. En outre, ces peintures de mœurs s'encadrent dans une fable si triviale et si romanesque, qu'on regrette fort de les voir si mal placées : la plus prosaïque légende vaudrait mieux que ces scènes de mélodrame où s'accumulent les incidents les plus lugubres, famine, supplices, etc. Au résumé, on sent que l'auteur se trouve sur un mauvais terrain ; son allure est embarrassée, et son style toujours ironique rend encore plus pénible la lecture de ces récits lamentables.

Cette manière, qui, à mon avis, est un véritable contre-sens dans quelques parties de *Tarass Boulba*, est bien mieux à sa place dans le *Vyi ou le roi des Gnomes*, histoire de sorcellerie qui amuse et effraye. Le grotesque et le merveilleux s'unissent sans difficulté. Connaissant à fond la poétique du genre, l'auteur, en décrivant les mœurs sauvages et étranges des cosaques du vieux temps avec sa précision et son exactitude ordinaires, a préparé habilement la diablerie. On sait la recette d'un bon conte fantastique : commencez par des portraits bien arrêtés de personnages bizarres, mais possibles, et donnez à leurs traits la réalité la plus minutieuse. Du bizarre au merveilleux, la transition est insensible, et le lecteur se trouvera en plein fantastique avant qu'il se soit aperçu que le monde réel est loin derrière lui. Je me garderai bien d'analyser *le Roi des Gnomes;* voici le vrai moment de le lire, à la campagne, au coin du feu, par une nuit changeante d'automne. Après le dénoûment, il faudra une certaine résolution pour gagner sa chambre à travers de longs corridors, lorsque le vent et la pluie ébranlent les croisées. Maintenant que le fantastique allemand est un peu usé, le fantastique cosaque aura des charmes tout nouveaux, et d'abord le mérite de ne ressembler à rien. Ce n'est pas un médiocre éloge, je pense.

L'Histoire d'un Fou est tout à la fois une satire

contre la société, un conte sentimental et une étude médico-légale sur les phénomènes que présente une tête humaine qui se détraque. Je crois l'étude bien faite et fort graphiquement dépeinte, comme dirait M. Diafoirus, mais je n'aime pas le genre : la folie est un de ces malheurs qui touchent, mais qui dégoûtent. Sans doute, en introduisant un fou dans son roman, un auteur est sûr de produire de l'effet. Il fait vibrer une corde toujours sensible ; mais le moyen est vulgaire, et le talent de M. Gogol n'est pas de ceux qui ont besoin de recourir à ces trivialités. Il faut laisser les fous aux commençants, avec les chiens, personnages d'un effet aussi irrésistible : le beau mérite d'arracher des larmes à votre lecteur si vous cassez la patte à un caniche ! Homère, à mon avis, n'est excusable de nous avoir fait pleurer à la reconnaissance du chien Argus et d'Ulysse que parce qu'il fut le premier, je pense, à découvrir les ressources qu'offre la race canine à un auteur à bout d'expédients.

J'ai hâte d'arriver à un petit chef-d'œuvre, *le Ménage d'autrefois*. En quelques pages, M. Gogol nous raconte la vie de deux bons vieillards, mari et femme, vivant à la campagne, gens dans la tête de qui n'entre pas un grain de malice, trompés et adorés de leurs paysans, égoïstes naïfs parce qu'ils croient tout le monde heureux comme ils le sont eux-mêmes. La femme meurt. Le mari, qui semblait ne vivre que pour faire bombance, languit et meurt quelques mois après sa femme. On découvre qu'il y avait un cœur dans cette masse de chair. On rit et l'on pleure en lisant cette charmante nouvelle, où l'art du narrateur se déguise sous la simplicité du récit : tout y est vrai, naturel ; il n'y a pas un détail qui ne soit charmant et qui ne contribue à l'effet général.

Les Ames mortes (*Mèrtvyia doùchi*), tel est le titre d'un roman de M. Gogol qui a obtenu un grand succès en Russie, et qui offre, dit-on, une peinture très-fidèle des mœurs de la province en ce pays. Il est nécessaire d'expliquer ce qu'il faut entendre par *âmes mortes*, et l'explication sera un peu longue. En Russie, on estime d'ordinaire la fortune d'un propriétaire par le nombre de paysans qu'il possède. On les appelle *des âmes*, et ce mot s'applique en général aux mâles seulement, peut-être par un souvenir des façons peu galantes des Tartares, anciens conquérants de la Russie. Vous entendrez dire : M. un tel a mille *âmes* ; mademoiselle A... apporte en mariage six mille *âmes* à M. B.... Lisez six mille paysans, *sans compter les femmes et les petits enfants*, comme dans les dénombrements de Rabelais. Or, chaque âme paye sa contribution au trésor impérial, ou plutôt c'est le propriétaire qui paye pour elle ; mais les recensements n'ayant lieu qu'à des intervalles assez éloignées, la contribution du propriétaire demeure fixe jusqu'à ce qu'une nouvelle opération de recensement ait constaté chez lui augmentation ou diminution d'âmes. Tant pis pour ceux qui ont perdu des paysans par maladie ou autrement ; tant mieux pour celui qui a des paysannes fécondes. L'un paye pour ses *âmes mortes,* l'autre ne paye pas pour ses âmes vivantes.

Maintenant qu'on sait ce que c'est que des *âmes mortes,* et ce qu'il en coûte à les posséder, je commence l'analyse du roman de M. Gogol. Il l'intitule poëme ; ce titre est une espèce d'énigme, le roman en est une autre, dont le mot ne se trouve qu'à la fin de l'ouvrage. Un M. Tchitchikof, ni jeune ni vieux, ni gras ni maigre, ni laid ni beau, fort doué de qualités négatives, arrive dans une grande ville de province où le désœuvrement général fait accueillir les étrangers avec le plus aimable empressement. Il fait sa visite aux autorités, aux notables ; il est fort poli, de l'avis de tout le monde ; il joue au whist et perd noblement au besoin. Il n'en faut pas davantage pour qu'il soit invité et recherché partout. Il ne se targue ni de son rang ni de sa fortune, mais on devine qu'il a été fonctionnaire public et qu'il a un capital dont il voudrait faire emploi. Tous les gentilshommes campagnards qui le rencontrent à la ville veulent le recevoir dans leurs châteaux. Assuré déjà de l'estime générale, il se met en route et fait sa tournée de dîners. Partout, entre la poire et le fromage, au moment où la confiance et l'intimité viennent d'être scellées par quelques verres de vin de Champagne, il hasarde d'une voix timide cette question : N'y a-t-il pas eu une épidémie de vos côtés dernièrement? N'avez-vous pas perdu un certain nombre d'âmes? — Hélas! oui. J'en ai perdu tant, pour lesquelles j'ai à payer fort cher. — Eh bien! reprend notre homme en baissant la voix, voudriez-vous me les vendre?

Grande surprise, comme cela peut se croire; mais le marché se fait. Le gentilhomme vaniteux donne gratis ses âmes mortes de l'air dont il ferait un cadeau. — L'avare en débat le prix avec acharnement. — Le joueur veut les jouer au lansquenet. Chaque propriétaire d'âmes est un original dont M. Gogol, selon son usage, nous donne un daguerréotype fidèle. Après tous ces dîners, Tchitchikof se trouve possesseur d'un millier d'âmes pour lesquelles il se fait donner quittance et paye les droits d'enregistrement, comme si elles étaient vivantes.

Il a déclaré qu'il allait les établir dans un gouvernement éloigné que l'on colonise. A ce sujet, grands débats dans la ville entre les amis de Tchitchikof. Les uns, craignant que les paysans ne s'échappent ou ne se révoltent en route, offrent au propriétaire de lui donner une escorte. D'autres disputent à perte de vue sur les influences qu'exercera le changement de climat sur la colonie projetée. — Le Russe s'accommode de tous les climats, dit un des notables. — Non, il lui faut des rivières, répond un autre. — La colonie réussira. — Elle ne réussira pas.

Cependant la considération dont jouit Tchitchikof s'est fort augmentée. Un homme qui, dans une semaine, achète mille âmes doit être un bon parti. Déjà les demoiselles à marier se tiennent droites quand il passe, les mamans lui font des avances. On lui trouve de l'esprit et un grand air. Il va jeter le mouchoir, lorsque, dans un bal, un maudit étourdi à moitié ivre lui demande tout haut pourquoi il achète des *âmes mortes*. Ce mot se répand dans le salon. Personne ne s'explique trop ce qu'il peut y avoir de mal à cela, mais tout le monde est scandalisé. Tchitchikof, dont l'assurance et la popularité ont disparu tout d'un coup, s'esquive, et le roman finit. Je me trompe, l'auteur, dans un dernier chapitre, nous dit le mot de l'énigme. On pourrait croire qu'il sagit d'un mariage. Nullement, ou, si l'aventurier a jeté son dévolu sur une héritière, ce n'est que pour faire d'une pierre deux coups. Son plan est moins poétique ; mais ici il faut encore une explication pour les lecteurs français.

Il existe en Russie une institution établie par le gouvernement qu'on nomme *conseil de tutelle,* et qui, pour éviter aux propriétaires endettés le danger d'avoir affaire aux usuriers, leur avance des fonds sur la justification de leurs titres de propriété, à raison de 200 roubles par paysan. C'est une espèce de mont-de-piété où l'on prête sur dépôt d'âmes. Pourvu de titres établissant qu'il possède un millier de paysans, Tchitchikof pourra soutirer au conseil de tutelle 200,000 roubles avec lesquels il fera bien de voyager dans l'Europe occidentale, de peur que la justice ne l'envoie du côté opposé.

Il fut un temps où les romans picaresques ont été à la mode en France comme ils l'ont été en Espagne. Cette mode était contemporaine de la galanterie raffinée et des préjugés chevaleresques ; alors, entre les coquins créés par les romanciers et les nobles personnages qui lisaient leurs prouesses, il y avait un tel abîme que la peinture de ces mœurs de bohémiens pouvait offrir l'intérêt d'un voyage dans un monde inconnu. Aujourd'hui, malheureusement, après tant de révolutions qui ont décomposé et recomposé la société, il n'y a personne, du moins dans notre pauvre pays, qui ne soit blasé sur les coquins et qui n'ait le regret d'en avoir trop vu et connu. Les gentillesses des escrocs ont perdu beaucoup de leur mérite; d'ailleurs il en est d'eux comme des bandits : la *Gazette des Tribunaux* a trop d'avantages sur les romanciers. Outre ce que le sujet a de repoussant, le roman de M. Gogol a le défaut capital de pécher fortement contre la vraisemblance. On me dira, je le sais, que l'auteur n'a pas inventé son Tchitchikof, qu'il s'est fait en Russie des spéculations sur les *âmes mortes,* il y a peu d'années, avec tant de succès, que des mesures législatives ont été prises pour éviter le renouvellement de pareille friponnerie; mais ce n'est pas la spéculation elle-même qui me paraît invraisemblable, c'est la façon dont elle est conduite. Un marché de cette espèce n'a jamais pu avoir lieu qu'entre filous, et M. Gogol le rend impossible en mettant son héros en rapport avec des provinciaux niais seulement. Quelle opinion peut-on avoir d'un homme qui demande à acheter des âmes mortes? Qu'il est fou, ou bien qu'il médite une escroquerie. On a beau être provincial, on ne peut qu'hésiter entre les deux opinions, et, pour conclure le marché, il faut de toute nécessité être un coquin.

Au reste, à part ce défaut de la donnée générale, les détails de mœurs et les portraits sont tracés de main de maître. C'est une espèce de tour de force que d'avoir tiré tant de scènes si différentes et si plaisamment nuancées d'une situation qui demeure toujours la même. Pour que le lecteur puisse apprécier la manière de M. Gogol, je prends au hasard un chapitre des *Ames mortes* et j'en traduis quelques pages.

Tchitchikof, surpris la nuit par un orage, égaré par son cocher ivre, est forcé de demander l'hospitalité dans une maison appartenant à une vieille dame veuve nommée Korobotchka, qui fait valoir elle-même et qui ne s'entend pas mal aux affaires. Malgré l'heure avancée, il est bien reçu; on lui fait un lit haut comme une montagne dans la meilleure pièce de la maison. Madame Korobotchka, en lui souhaitant le bonsoir, lui demande s'il n'est pas dans l'habitude de se faire frotter la plante des pieds par une servante pour s'endormir. — Défunt mon mari, dit-elle, ne pouvait fermer l'œil sans cela.

Je passe la description du lit, de la chambre, du déjeuner qu'on apporte le lendemain matin. M. Gogol a mesuré la glace; il dit la grandeur et le sujet des estampes, la couleur du papier de tenture. J'arrive tout de suite à la discussion entre l'aventurier et son hôtesse au sujet des âmes mortes.

« — Vous avez là une jolie propriété, petite mère (1). Combien de paysans?

« — De paysans, mon petit père? dans les environs de quatre-vingts; mais, mon Dieu! que les temps sont durs! L'année dernière, nous avons eu une récolte si mauvaise! que le bon Dieu ait pitié de nous!

« — Pourtant vos hommes ont l'air de gaillards solides, les chaumières ont bonne façon... Mais permettez-moi de vous demander à qui j'ai l'honneur de parler?... Je suis si distrait! Arrivé au milieu de la nuit...

« — Madame Korobotchka. Feu mon mari était secrétaire de collége.

« — Très-humble serviteur. Et votre nom et celui de monsieur votre père (2)?

« — Nastasie Petrovna.

« — Nastasie Petrovna; beau nom! Moi, j'ai une tante, sœur de ma mère, qui s'appelle Nastasie Petrovna.

(1) *Matouchka*, *batiouchka*, petite mère, petit père, façons de parler un peu familières, mais très-usitées.
(2) On ne dit guère en Russie monsieur ou madame. L'usage est, en parlant à quelqu'un, de l'appeler par son nom de baptême, suivi du nom de baptême de son père, dont on fait un adjectif en ajoutant *vitch* pour les hommes, *vna* pour les femmes. Anastasia Petrovna, Anastasie, fille de Pierre. Le terminatif *vitch* s'applique à un gentilhomme; *of*, *ef*, après un nom de baptême, est un indice de roture. *Alexeï Alexeïeitch*, Alexis, fils d'Alexis, est un nom noble, *Alexeï Alexeïef* un nom de paysan.

— Et vous, monsieur? vous êtes bien... comme cela... assesseur?

« — Non, ma petite mère, répondit Tchitchikof en souriant. Je ne suis pas assesseur; nous voyageons pour nos petites affaires.

« — Ah! alors vous venez pour des achats? Oh! que je suis fâchée d'avoir vendu mon miel à des marchands, et si bon marché encore! Je suis sûre qu'avec vous, nous nous serions bien arrangés.

« — Non pas. Je ne fais pas dans les miels.

« — Dans quoi donc? Les chanvres peut-être. Ma foi, je n'en ai pas gros à cette heure. Un demi-poud en tout.

« — Non, petite maman; je suis dans une autre partie. Dites-moi donc, il est bien mort du monde chez vous?

« — Hélas! mon petit père, dix-huit hommes, dit la vieille dame en soupirant. Et de si braves gens! Tous gens de métier. C'est vrai qu'il m'est venu des enfants. Mais qu'est-ce que cela fait?... On vous fait un compte... l'assesseur arrive. Faut payer, qu'il dit; oui, payer pour les âmes. Un homme vous meurt. Bon, vous payez toujours comme s'il était vivant. Tenez, pas plus tard que la semaine passée, voilà mon maréchal qui se brûle. Un garçon si habile, et qui entendait la serrurerie encore!

« — Vous avez eu un incendie?

« — Le bon Dieu nous en préserve! Un incendie! c'est encore pire. Il s'est brûlé, mon cher papa. C'est, en dedans de lui, je ne sais quoi qui s'est allumé. Il buvait toujours. Il est sorti de lui comme une petite flamme bleue... Et il se consumait, se consumait... Il noircissait comme un charbon... Un maréchal qui était si habile! Et maintenant comment sortir de chez moi?... Comment faire pour ferrer les chevaux?

« — Que voulez-vous, ma petite mère? dit Tchitchikof en soupirant. C'est la volonté de Dieu! Il n'y a rien à dire contre la sagesse de la Providence... Dites donc, Nastasie Petrovna, si vous me les cédiez?

« — Quoi donc, papa?

« — Ceux-là qui sont morts.

« — Et comment vous les céder?

« — Rien de plus simple. Vendez-les-moi, si vous voulez; je vous en donnerai de l'argent.

« — Comment? que me dites-vous là? Est-ce que par hasard vous voudriez les déterrer?

Tchitchikof s'aperçut que la vieille dame était lente à comprendre, et qu'il fallait lui mettre les points sur les i. En quelques mots, il lui expliqua que le marché qu'il voulait faire avec elle n'aurait lieu que sur le papier, et que les paysans seraient censés bien vivants.

« — Eh bien alors, qu'en veux-tu donc faire? lui demanda-t-elle en ouvrant de grands yeux.

« — Oh! cela me regarde.

« — Mais puisqu'ils sont morts!

« — Et qui est-ce qui vous dit qu'ils sont vivants? C'est un malheur pour vous qu'ils soient morts, n'est-ce pas? Vous payez l'impôt pour eux. Eh bien! moi, je vous débarrasse du tracas et des frais... Comprenez-vous? Non-seulement je vous en débarrasse, mais je vous donne par-dessus le marché 15 roubles. Est-ce clair cela?

« — Je... ne... sais... pas... trop, dit la vieille dame, s'arrêtant pour réfléchir. Je n'ai pas encore vendu de morts, et...

« — En effet, ce serait drôle si vous en aviez déjà vendu. Croyez-vous donc qu'il y ait à cela grand profit?

« — Quant à cela, je ne saurais dire... Profit... je ne sais pas trop... Ce qui fait l'embarras, c'est qu'ils sont morts.

« Elle a la tête dure, se dit Tchitchikof. — Écoutez-moi, petite maman. Faites bien attention. Vous payez comme s'ils étaient vivants... vous vous ruinez...

« — A qui dites-vous cela, mon petit père ! Il y a trois semaines qu'il m'a fallu trouver 150 roubles et graisser la patte à l'assesseur encore.

« — Alors, ma bonne amie, figurez-vous bien que vous n'aurez plus à graisser la patte à l'assesseur, attendu que c'est moi qui payerai pour eux. Moi, pas vous. Je me charge de tout. A telles enseignes que nous allons faire le contrat, et vous aurez l'argent. Comprenez-vous maintenant ?

« La vieille dame réfléchit. L'affaire semblait bien avoir son côté avantageux, mais l'étrangeté du marché l'inquiétait aussi. Et puis elle se demanda si elle ne risquait pas d'être attrapée par ce singulier chaland tombé chez elle au beau milieu de la nuit, circonstance aggravante.

« — Eh bien, petite maman, demanda Tchitchikof, est-ce une affaire conclue ?

« — En vérité, mon cher monsieur, c'est que je n'ai pas encore eu l'occasion de vendre des défunts. Pour des vivants, c'est autre chose. Tenez, il n'y a pas trois ans, j'ai vendu à M. Protopof deux filles à 100 roubles la pièce, et il m'a bien remercié, car c'étaient des travailleuses. Elles savaient tisser tout elles-mêmes, jusqu'à des serviettes.

« — Bien, bien ; mais nous ne parlons pas des vivants. Le bon Dieu soit avec eux ! C'est des morts que je vous demande.

« — J'entends bien ; mais... j'ai peur que cela ne me fasse du tort... des fois. Il se pourrait bien, petit papa, que tu veuilles me mettre dedans... Cela vaut plus, d'abord.

« — Encore une fois, mon enfant, écoutez-moi bien. Ah ! comme vous êtes ! Qu'est-ce que cela peut valoir ? Réfléchissez bien. C'est de la poussière, comprenez-vous, rien que de la poussière. Vous ramassez tous les brimborions inutiles... Une loque par exemple. Bon, mais une loque a sa valeur. On achète des loques pour les fabriques de papier; mais cela, à quoi cela sert-il? Hein? dites-le moi.

« — Oui, c'est bien vrai...; ça ne sert pas... C'est là ce qui me retient. S'ils n'étaient pas morts, je dirais.

« — Oh! quelle tête de bois de chêne, pensa Tchitchikof, prêt à perdre patience. Maudite vieille, qui me fait suer! — Et cependant il tirait son mouchoir pour essuyer les gouttes d'eau qui s'amassaient sur son front. D'ailleurs, la colère n'avançait rien. Quand une personne entêtée, fût-ce un grave fonctionnaire public, s'est chaussé quelque chose dans l'esprit, c'est en vain qu'on lui présente des arguments plus clairs que le jour; tout rebondit sur lui comme une balle sur un mur. Après s'être essuyé, Tchitchikof voulut tenter de la ramener sur la voie par un autre chemin : — Voyons, ma chère enfant, lui dit-il, ou bien vous ne voulez pas me comprendre, ou bien vous parlez pour perdre le temps... Je vous donne de l'argent, quinze roubles en assignations. Comprenez-vous? C'est de l'argent. Vous savez que cela ne se trouve pas dans le pas d'un cheval? Faites-moi le plaisir de me dire ce que vous avez vendu votre miel?

« — Douze roubles le poud.

« — Comment! vous n'avez pas de conscience, la petite mère! Douze roubles! mais cela ne se peut pas!

« — Mon Dieu si! tout autant.

« — Eh bien! soit, va pour douze roubles le poud de miel; mais faites bien attention : vous avez été près d'un an à le récolter, ce miel; vous avez eu de la peine, de la fatigue, du tracas. Vos mouches se sont envolées, elles sont mortes; il a fallu les nourrir tout l'hiver dans le cellier, tandis que des âmes mortes, ce ne sont pas choses de ce monde. Cela ne vous donne pas d'embarras; c'est le bon Dieu qui a tout fait pour qu'elles aient quitté ce monde, au grand dommage de votre maison. D'un côté, vous gagnez douze roubles avec bien du mal; d'un autre côté, vous empochez gratis, non pas douze roubles, mais quinze ; pas en argent, mais en assignations bleues. — Après cette vigoureuse argumentation, Tchitchikof ne doutait pas que la vieille dame ne se rendît enfin.

« — Mon Dieu ! répondit-elle, une pauvre veuve comme moi, qui n'entend rien aux affaires, que voulez-vous qu'elle vous dise ?... Je crois qu'il vaut mieux que j'attende qu'il vienne d'autres marchands : alors, je verrai bien le prix que cela vaut.

« — Allons-donc, la mère ? est-ce que vous songez à ce que vous dites ? Qui diable voudrait vous acheter cela ? Que voulez-vous qu'on en fasse ?

« — Mon Dieu ! dans un ménage... des fois... tout peut servir, répondit madame Korobotchka ; puis elle s'arrêta bouche béante, le regardant d'un air effaré et cherchant à savoir ce qu'il avait en tête.

« — Des morts dans un ménage ! où diable allez-vous ? Cela vous sert peut-être à effrayer les moineaux la nuit dans votre potager ?

« — Ah ! sainte mère de Dieu ! Quels vilains mots dites-vous là ! s'écria la vieille dame en faisant le signe de la croix.

« — Oui, voyons où voulez-vous les mettre ?... Au reste, les os et les fosses, je vous les laisse ; c'est un transfert sur papier seulement que je vous demande. Allons, hein ? répondez-moi au moins, pour l'amour de Dieu

« La vieille Korobotchka restait toute pensive, sans répondre.

« — Voyons, à quoi pensez-vous, Nastasie Petrovna ?

« — Non, je ne crois pas que nous puissions nous arranger ; j'aime mieux vous vendre du chanvre.

« — Du chanvre ! Je vous parle d'une affaire, et vous me chantez chanvre ! Gardez votre chanvre pour quand nous parlerons chanvre. Lorsque je repasserai par ici, nous

nous arrangerons de votre chanvre. Allons, voyons, Nastasie Petrovna.....

« — Mon Dieu! une marchandise comme cela, c'est si drôle, si singulier!...

Ici Tchitchikof, arrivé aux dernières limites de sa patience, l'envoya à tous les diables, en jetant par terre la chaise qui était auprès de lui. La vieille avait une grande peur du diable.

« — Oh! ne parle pas de celui-là! Dieu soit avec lui! s'écria-t-elle en pâlissant. Il y a trois nuits que j'en ai rêvé, du maudit. C'est que le soir, après la prière, je m'étais amusée à me tirer les cartes. C'est un jugement de Dieu qui l'a envoyé. Ah! qu'il était laid! et des cornes plus longues que des cornes de bœuf!

« — Je m'étonne que vous n'en voyiez pas par douzaines! Moi, par pure charité chrétienne, je me dis : Voilà une pauvre veuve qui s'extermine à faire aller sa maison..... Que le diable la confonde et la patafiole!...

« — Oh! ne dis pas de mots comme cela! s'écria la vieille dame en le regardant d'un air effrayé.

« — Et l'on ne peut vous arracher un mot! En vérité, vous êtes comme le chien (parlant par respect)..., oui, le chien du jardinier qui est sur le foin, qui ne mange pas de foin, et qui empêche les autres d'en manger. Moi, je voulais vous acheter vos produits, parce que j'ai des fournitures du gouvernement...

Ce petit mensonge lui était venu tout à fait à l'improviste et en passant; néanmoins le mot fit son effet. Fournitures du gouvernement, cela fit dresser les oreilles de Nastasie Petrovna, et, d'une voix presque suppliante, elle lui dit :

« — Eh! pourquoi donc, petit père, te fâches-tu comme cela? Si j'avais su que tu avais un si mauvais caractère, je ne t'aurais rien dit. Pourquoi te mettre en colère?

« — Moi ! je ne suis pas en colère. Je me soucie de cela comme d'un œuf frais. Il n'y a pas là de quoi se fâcher.

« — Allons. Eh bien ! je te les donnerai pour quinze roubles en assignations ; seulement, vois-tu, petit père, s'il s'agit, en fait de fournitures, de farine de seigle, ou de sarrasin, ou de gruau, ou bien de salaisons, tu ne m'oublieras pas... »

J'aurais dû peut-être parler d'abord de *l'Inspecteur général*, comédie antérieure en date aux *Ames mortes* ; mais j'ai réservé ce drame pour une analyse plus détaillée, parce qu'il me semble offrir comme un résumé complet des qualités et des défauts que j'ai essayé de signaler déjà dans les autres ouvrages de M. Gogol. De même que les *Ames mortes*, *l'Inspecteur général* est une satire amère et violente déguisée sous une gaieté un peu superficielle, ou plutôt sous une rude bouffonnerie qui rappelle à certains égards la manière d'Aristophane. L'auteur, pour ne pas vivre dans une république, ne montre pas moins d'audace et de liberté à fronder les vices de l'administration de son pays. Il la peint vénale, corrompue, tyrannique. En France, où il lui eût été sans doute impossible de trouver les types des personnages qu'il a mis en scène, la censure eût assurément défendu la représentation de cette pièce. En Russie, c'est peut-être à cause de l'exactitude même des portraits que l'auteur n'a éprouvé aucune difficulté à se faire jouer. En effet, le gouvernement, impuissant à réformer les abus, souffrant le premier de la corruption administrative, a dû accueillir un auxiliaire aussi utile que M. Gogol. Chez nous, où les fonctionnaires publics sont entourés d'une surveillance active et vigilante, et de plus incessamment observés par un juge terrible, qui est la presse, cette comédie ne serait qu'un libelle sans portée et sans application. Si elle a été accueillie par des applaudissements en Russie, il en faut conclure, je le crains, que le tableau qu'elle présente est d'une triste réalité. Là, M. Gogol a été le vengeur des abus. Peu importe l'arme qu'il a employée; pourvu qu'il ait frappé fort et juste, le public a été satisfait. L'impression de cette pièce ne saurait être la même à Paris qu'à Moscou. Le lecteur français aura quelque peine à accepter la gaieté de l'auteur, gaieté un peu triste au fond, et il s'étonnera qu'il cherche à faire rire aux dépens de coquins qu'il faudrait traduire en cour d'assises. Le crime a beau être ridicule, c'est l'indignation qu'il excite chez tout honnête homme, et je ne sais si c'est le sentiment qu'un auteur comique doit chercher à exciter. D'un autre côté, il faut penser qu'un écrivain n'a d'autre arme que sa plume, et M. Gogol s'est trouvé dans le cas d'Aristophane bafouant Cléon sur le théâtre. Aristophane était poëte, et non tribun pour l'accuser sur la place publique. Si les spectateurs goûtent la satire, c'est à eux d'extirper les vices qu'on leur dénonce.

Les principaux fonctionnaires d'une ville de province sont réunis chez le gouverneur (*gorodnitchii*), espèce de sous-préfet réunissant des fonctions judiciaires et administratives. Il est fort ému d'une nouvelle qu'il vient de recevoir. On lui mande de Pétersbourg qu'un inspecteur général (*revizor*), voyageant incognito, doit arriver sous peu dans la ville pour examiner la conduite des employés du gouvernement. L'avis est fait pour alarmer, car grands et petits volent à l'envi dans la ville où se passe la scène, et que M. Gogol s'est bien gardé de nommer. Le gouverneur, dont la conscience est la plus chargée, les avertit charitablement de se mettre en mesure pour qu'à son arrivée M. l'inspecteur général trouve les choses comme le gouvernement le désire. « Vous, monsieur le directeur de l'hospice, vos malades sont sales comme des forgerons; l'hôpital n'est pas tenu. Il faudrait aussi vous arranger pour qu'il y eût moins de malades; autrement, on ne manquera pas de dire que c'est la faute de l'administration. » Le directeur, qui met dans sa poche l'argent de la pharmacie, répond qu'il est prêt à recevoir ce terrible inspecteur. Il a inventé un nouveau traitement. « A quoi bon, dit-il, se creuser la tête pour faire des ordonnances de drogues qui coûtent très-cher, pour le premier venu ? L'homme est un être simplement organisé; s'il meurt, il meurt; s'il guérit, il guérit. D'ailleurs notre médecin allemand a trop de peine à s'entendre avec les malades, car il ne sait pas le russe. » — « Vous, monsieur le juge, continue le gouverneur, je vois avec peine que vous mettez vos oies dans la salle des Pas-Perdus; et puis vous avez trop le goût de la chasse, et vous vous laissez faire des cadeaux de chiens par les plaideurs. — Et vous-même, réplique le juge, vous vous laissez bien donner des pelisses de cinq cents roubles. — C'est bon, dit le gouverneur en colère; mais savez-vous pourquoi vous vous laissez faire des cadeaux de chiens? C'est parce que vous ne croyez pas en Dieu. Vous n'allez jamais à l'église, tandis que moi je vais à la messe tous les dimanches. Quand vous vous mettez à parler de la manière dont le monde s'est fait, vous me faites dresser les cheveux sur la tête. »

Chaque fonctionnaire ayant été admonesté de la sorte, le gouverneur tire à part le directeur des postes, et lui insinue avec ménagement qu'en ouvrant avec beaucoup de délicatesse les lettres qui viennent de Pétersbourg, on pourrait peut-être savoir le jour précis où arrivera cet inspecteur tant redouté. N'y a-t-il pas des instruments pour cela? De la terre à modeler ?... Et puis si l'on ne peut refaire le cachet, on en est quitte pour rendre la lettre décachetée. — Le directeur des postes est un homme complaisant. — Ne vous mettez pas en peine, dit-il. Moi je décachette toutes les lettres seulement pour voir ce qu'il y a dedans. Tenez, voulez-vous lire celle-ci, qu'un lieutenant écrit à un de ses amis pour lui faire part de ses bonnes fortunes?...

L'honnête cénacle, déjà troublé par les nouvelles de Pétersbourg, est jeté dans le plus grand effroi par un autre rapport encore plus précis. Deux de ces oisifs, fléau de toutes les villes de province, toujours aux aguets pour découvrir un visage nouveau, viennent de faire une grande découverte. Petr Ivanovitch Dobtchinski et Petr Ivanovitch Bobtchinski, bavards impitoyables qui se coupent la parole à chaque instant, racontent à grand'peine, et avec des détails qui n'en finissent pas, que l'inspecteur est arrivé déjà depuis plusieurs jours. — C'est un jeune homme avec un passeport de Péterbourg pour Saratof. Il s'est arrêté à l'hôtel sans motif apparent. Il a l'air très-curieux. Il a examiné tout, jusqu'à ce que nous mangions dans nos assiettes. Il ne paye rien à l'auberge; tout en lui annonce un inspecteur général.

« LE GOUVERNEUR. — Ah! mon Dieu! c'est fait de nous, misérables pécheurs. Et moi qui la semaine passée ai fait fouetter la femme d'un sous-officier (1)! Et les prisonniers qui n'ont pas eu leurs rations! Et les rues qui n'ont pas été balayées! Et les cabarets en plein vent!... Vite, vite, qu'on me donne mon chapeau neuf et mon épée... Ah! ces maudits marchands qui m'ont dénoncé! (A un inspecteur de police.) Toi, va-t'en tout de suite prendre les dizainiers... Mon Dieu, quel fourreau usé! Et ce coquin de chapelier qui le voit tout usé, et qui ne m'en apporte pas un autre! — Ah! scélérats de marchands!... Ah! drôles! Je suis sûr qu'ils ont déjà leurs plaintes par écrit, et que les supliques vont sortir de dessous les pavés... Voyons! qu'ils empoignent chacun une rue... La peste de la rue! Je te dis de dire aux dizainiers qu'ils m'empoignent chacun un balai, et qu'ils nettoient comme il faut la rue qui va de l'hôtel ici. Entends-tu? de la propreté... Ah! écoute, je te connais, toi. Tu fais le bon apôtre, mais tu fourres des cuillers d'argent dans tes bottes. Qu'as-tu fait chez le marchand Tchermaïef? Il t'a donné deux archines de drap pour te faire un uniforme, et tu as gardé la pièce de drap. Tu voles trop pour ta place (2). »

Ce mot, d'un comique terrible, est devenu proverbe

(1) Une femme libre ne peut être soumise à un châtiment corporel.
(2) *Ty nie po tchinou berech.*

en Russie, où le grade (*tchin*) marque à chacun sa place dans la société. Je reprends les instructions que le gouverneur donne à ses agents.

« Vous allez planter des jalons dans l'enclos près du bottier comme si on allait y faire des constructions. Des constructions, voyez-vous, il n'y a rien qui témoigne plus de l'activité de l'administration. — Ah! mon Dieu, moi qui oublie qu'on a jeté dans l'enclos plus de quarante tombereaux d'ordures! La sale ville! — Et si l'inspecteur vous demandait : Est-on content ici? vous répondriez : Oui, monsieur, tout le monde est content. — A ceux qui auraient du mécontentement, je me charge de leur en donner, quand il sera parti... Ah! Seigneur, aie pitié de nous! Si tu fais que je me tire de ses griffes, je te donnerai un cierge comme personne ne t'en a encore donné. Je ferai payer trois pouds de cire à chacun de ces coquins de marchands! »

Quel est ce voyageur qui trouble ainsi la douce quiétude de ces dignes fonctionnaires? L'auteur nous l'apprend au second acte, dans un assez long monologue d'un valet, moyen un peu maladroit et qui ne dénote pas une grande expérience de la scène. Le prétendu inspecteur général est un petit employé en congé, nommé Khlestakof, assez mauvais sujet, qui, ayant perdu son argent au jeu, ne sait comment sortir de l'auberge où il est descendu. Déjà l'hôte ne veut plus lui faire crédit; il lui refuse même à manger, et le menace du gouverneur. Khlestakof a essayé de dîner en marchandant de l'esturgeon salé, dont il goûte un morceau dans chaque boutique; mais son vaste estomac ne s'arrange pas de ces palliatifs. Sa blague est vide, il n'a pas même la ressource de fumer pour tromper sa faim. Après s'être emporté contre le garçon, il le cajole, et finit par obtenir la soupe et le bouilli, qu'il dévore en pestant contre la province et regrettant Saint-Pétersbourg. Tout à coup on lui annonce M. le gouverneur. Persuadé que l'hôte a mis ses menaces à exécution, il s'imagine qu'on vient le chercher pour le conduire en prison. Cependant il ne se rendra pas sans faire grand bruit, et d'abord il commence ses plaintes :

« KHLESTAKOF. — C'est une horreur de la part du maître de l'hôtel ! Il me donne du bœuf dur comme une savate... De la soupe... le diable sait de quelle lavasse on l'a faite ! J'ai été obligé de la jeter par la fenêtre... Il me fait mourir de faim... Son thé est fabuleux : il sent le poisson, non pas le thé.

« LE GOUVERNEUR, très-timidement. — J'en suis désolé, monsieur, le bœuf est cependant fort bon ici. Les bouchers sont gens de bien... Permettez-moi de vous proposer un autre logement.

« KHLESTAKOF. — Non pas, non pas ! Je sais bien ce que vous voulez dire avec votre logement : c'est la prison ; mais vous verrez mon passeport, je suis fonctionnaire public... Vous n'oseriez pas... je me plaindrai.

« LE GOUVERNEUR, à part. — Hélas ! il sait tout ! Comme il est en colère ! Ces maudits marchands lui auront tout dit.

« Khlestakof, s'enhardissant. — Le ministre me connaît... Je n'irai pas!... Non, parbleu! vous ne me faites pas peur avec votre gouvernement.

« Le gouverneur. — De grâce, monsieur, ne me perdez pas! J'ai une femme et des enfants!

« Khlestakof. — Je m'en moque pas mal! Voyez la belle raison : parce qu'il a une femme et des enfants, il faut que j'aille en prison!

« Le gouverneur. — Manque d'expérience de ma part, monsieur, voilà tout. Et la place rapporte si peu! Les appointements ne payent pas le thé et le sucre. Les profits, s'il y en a, vraies misères! de petits cadeaux pour la table, et une couple d'habits... Quant à la soi-disant femme de sous-officier qui faisait le commerce, et que j'aurais fait fouetter, c'est une calomnie! Devant Dieu, monsieur, c'est une calomnie! C'est une invention de mes ennemis, qui ne respirent que ma perte.

« Khlestakof, étonné. — Je ne sais pas pourquoi vous me parlez de vos ennemis et de la femme de ce sous-officier. Je ne la connais pas, je ne me soucie pas de ses affaires; mais vous ne vous aviseriez pas apparemment de me faire fouetter, moi... hein?... Je payerai plus tard... quand j'aurai de l'argent. Maintenant je n'en ai pas; je me trouve par hasard sans un kopek.

« Le gouverneur. — Si vous aviez besoin d'argent comme de toute autre chose, veuillez disposer de moi, monsieur... Mon devoir est d'aider les voyageurs.

« Khlestakof. — Vous auriez l'obligeance de m'en prêter?... je vous le rendrai tout de suite. Il ne me faudrait que deux cents roubles pour payer l'hôtel et retourner chez moi. Une fois chez moi, je vous renverrai aussitôt votre argent.

« Le gouverneur, lui donnant des billets. — Mon Dieu, monsieur, je suis trop heureux de pouvoir vous les offrir.

Voici deux cents roubles; ne prenez pas la peine de les compter.

« KHLESTAKOF. — Mille remerciements... Je vois que vous êtes un galant homme. Je m'en étais toujours douté.

« LE GOUVERNEUR. — Loué soit Dieu! il prend l'argent. Nous allons être bien ensemble! Au lieu de deux cents roubles, je lui en ai donné quatre cents. »

Le gouverneur invite Khlestakof à venir loger chez lui, et, en attendant qu'on transporte son bagage, à visiter quelques établissements publics. Respectant l'incognito de l'inspecteur général, il affecte de ne le traiter que comme un étranger de distinction. Au troisième acte, nous nous retrouvons dans la maison du gouverneur, dont la femme et la fille en grande toilette attendent avec une impatiente curiosité l'hôte illustre qui leur est annoncé. Il arrive, escorté de tous les employés de la ville, après un dîner magnifique que vient de lui donner le directeur de l'hospice. Khlestakof, en pointe de vin, enchanté de l'accueil qu'on lui fait et qu'il attribue à sa bonne mine, fait l'aimable avec madame la gouvernante, et, pour achever d'éblouir ces bons provinciaux, il leur parle de la vie qu'on mène à Pétersbourg et de la figure qu'il y fait. De hâblerie en hâblerie, s'échauffant par ses propres mensonges, il tranche de l'homme d'importance, et laisse entendre que rien ne se fait au ministère qu'il n'ait donné son avis. Malgré quelques exagérations qui sentent un peu la parade italienne, cette scène est la plus franchement gaie de la comédie; elle rappelle pour la verve la fameuse scène du *Henri IV* de Shakspeare, où Falstaf raconte ses prouesses contre des voleurs habillés de bougran, qui, dans l'enthousiasme du récit, augmentent de nombre à chaque nouveau détail.

(Un salon chez le gouverneur. KHLESTAKOF, LE GOUVERNEUR, ANNA ANDREIEVNA, femme du gouverneur, MARIA ANTONOVNA, sa fille, LES EMPLOYÉS.)

« LE GOUVERNEUR. — Permettez-moi de vous présenter ma famille, ma femme et ma fille.

« KHLESTAKOF. — C'est un grand bonheur pour moi, madame, d'avoir celui de vous voir dans votre famille.

« ANNA ANDREIEVNA. — C'en est un bien plus grand pour nous de voir une personne si distinguée.

« KHLESTAKOF. — Pardonnez-moi, madame, tout le bonheur est pour moi.

« ANNA. — Vous êtes trop aimable, monsieur. Prenez donc la peine de vous asseoir.

« KHLESTAKOF. — C'est déjà assez de bonheur, madame, d'être debout auprès de vous... Mais, puisque vous l'exigez... je m'asseois. C'est un grand bonheur pour moi, madame, d'être assis auprès de vous.

« ANNA. — Pardonnez-moi, monsieur; je n'ai pas la vanité de croire... Je pense, monsieur, que, venant de quitter la capitale, cette petite excursion vous a paru bien... monotone.

« KHLESTAKOF, mêlant du français à son russe. — Monotone, c'est le mot. Voyez-vous, habitué à vivre dans le grand monde... et se trouver tout d'un coup sur une grande route... de sales auberges... de la grossièreté... de mauvaises façons... Si l'on ne faisait pas de temps en temps des rencontres comme celle-ci... Oh! cela dédommage de tout. (Il prend des attitudes).

« ANNA. — En effet, comme ce doit être désagréable pour un homme comme vous!

« KHLESTAKOF. — Pardon, madame; rien de plus agréable que ce moment-ci.

« ANNA. — Oh! vous me faites trop d'honneur. Je ne le mérite pas.

« KHLESTAKOF. — Comment donc, madame, vous ne le méritez pas! Vous le méritez.

« ANNA. — Je vis dans la solitude de la campagne...

« KHLESTAKOF. — Oui; mais la campagne a ses collines, ses ruisseaux... C'est vrai qu'après tout, cela ne vaut pas Pétersbourg! Ah Pétersbourg! C'est là qu'on vit! Vous croyez peut-être que je suis tout bonnement expéditionnaire dans un bureau. Non, le chef de division est avec moi dans les meilleurs termes. Il me frappe sur l'épaule, et me dit : Allons, mon brave, dînes-tu avec moi? Je vais au bureau pour deux minutes seulement, pour dire : — Ça comme ça, et ça comme ça. Il y a un employé pour les écritures, un pilier de bureau; avec sa plume, il écrit, tr, tr, tr... On voudrait bien me faire assesseur de collège, oui; mais à quoi bon? Et le garçon de bureau est là sur l'escalier qui court après moi : Ah! Ivan Alexandrovitch, dit-il, permettez que je donne un coup de brosse à vos bottes. — Eh bien! messieurs, vous êtes debout? Asseyez-vous donc.

« LE GOUVERNEUR. — Nous sommes à notre place; nous connaissons notre rang.

« LE DIRECTEUR DE L'HOSPICE. — Nous devons rester debout.

« LE RECTEUR. — Ne faites pas attention.

KHLESTAKOF. — Point d'étiquette, messieurs. Asseyez-vous, je vous en prie, sans distinction de rangs... Moi, je fais tous mes efforts pour glisser partout sans qu'on me remarque. Mais que voulez-vous? Je ne sais comment cela se fait. Je ne puis être incognito nulle part. Partout où je vais, on dit : « Ah! dit-on, voilà Ivan Alexandrovitch. » Oui, une fois, figurez-vous qu'on m'a pris pour le commandant en chef. La sentinelle a crié aux armes, les soldats sont sortis du poste. L'officier, qui était une de mes connaissances, me dit après : « Tiens, dit-il, mon cher, nous t'avons pris pour le commandant en chef. »

« ANNA. — En vérité !

« KHLESTAKOF. — Les petites actrices me connaissent comme le loup blanc... Je vois souvent les vaudevilles... et les gens de lettres. Je suis à tu et à toi avec Pouchkine. Quelquefois je lui dis comme cela : « Eh bien ! mon cher Pouchkine, qu'est-ce que nous faisons? — Eh bien ! qu'il me répond, euh... euh... » — C'est un grand original !

« ANNA. — Ah! vous écrivez aussi. Comme ce doit être amusant d'être auteur! Probablement que vous travaillez aussi pour les journaux?

« KHLESTAKOF. — Mon Dieu, oui. Il faut bien y mettre quelque chose. C'est moi qui ai fait *le Mariage de Figaro*, *Robert le Diable*, *Norma*... J'oublie les titres, ma foi... Oh! je ne fais cela qu'à l'occasion. Je ne voulais pas écrire, et puis les directeurs de théâtre viennent; ils me disent : « Voyons, mon cher, écrivez-nous donc quelque chose. » Je réfléchis un instant, et puis je dis : « Allons, voyons! » Je m'y mets pendant une soirée, et voilà la chose bâclée. J'ai, comme cela, une facilité vraiment singulière. Tout ce qui a paru sous le nom du baron de Brambeus, *la Frégate l'Espérance*, *le Télégraphe de Moscou*... tout cela est de votre serviteur.

« Anna. — Vraiment ! Brambeus, c'est vous?

« Khlestakof. — Mon Dieu, oui. Je leur corrige leurs vers à tous. Smidrine me donne pour cela 40,000 roubles.

« Anna. — Eh! dites-moi, est-ce que c'est de vous, *Iourii Miloslavski?*

« Khlestakof. — Oui, c'est de moi.

« Anna. — Je m'en étais bien doutée.

« Maria Antonovna. — Mais, maman, il y a sur le titre que c'est de M. Zagoskine.

« Anna. — Eh! bien j'en étais sûre. La voilà qui veut encore disputer !

« Khlestakof. — Oui, c'est vrai, c'est de Zagoskine. C'est un autre *Iouril Miloslavski* qui est de moi.

« Anna. — C'est celui-là que j'ai lu. Comme c'est bien écrit !

« Khlestakof. — Moi, je l'avoue, la littérature c'est mon élément. Ma maison est la première de Saint-Pétersbourg. On se dit : Voilà la maison d'Ivan Alexandrovitch. » Faites-moi la grâce, messieurs, si vous venez à Pétersbourg, je vous en prie, venez chez moi. Je donne aussi des bals.

« Anna. — Je suis sûre que vos bals sont charmants et d'un goût exquis.

« Khlestakof. — Oh! tout simples; il ne faut pas en parler. Sur la table, par exemple, un melon d'eau... — un melon d'eau, de six cents roubles. — On m'envoie la soupe dans une casserole, de Paris, par le chemin de fer. On lève le couvercle... une vapeur ! il n'y a rien de semblable au monde. Je vais au bal tous les jours, et puis nous faisons notre whist, le ministre des affaires étrangères, l'ambassadeur de France, l'ambassadeur *d'Allemagne* et moi, et là, alors, nous nous exterminons... on ne s'en fait pas une idée... on revient éreinté... On grimpe à son quatrième étage, on n'a que la force de dire à sa bonne : Voyons, Mavrouchka, ma robe de chambre... Qu'est-ce que je dis donc?... j'oubliais que je demeure au premier... J'ai un escalier chez moi qui... C'est une curiosité de venir dans mon antichambre, quand je me lève. Des comtes, des princes sont là à s'étouffer... On dirait des bourdons... on n'entend que brr, brr, brr... Une fois le ministre... (Le gouverneur et les employés se lèvent avec effroi.) On me met sur mes paquets : A son excellence... Une fois j'ai fait le ministère. C'est drôle : tenez le directeur s'en va ; où est-il? On ne sait pas. Alors naturellement on se dit : Qui est-ce qui va faire la place? Il y avait là des généraux qui avaient bonne envie de s'y mettre ; mais on essaye, et puis on trouve que c'est difficile. On croit d'abord que c'est tout simple ; et puis, quand on y est... le diable emporte! on ne sait commen s'y prendre. Alors on retombe sur moi. Voilà des courriers en mouvement, des courriers, des courriers... Figurez-vous trente-cinq mille courriers! Quelle situation, hein? — Ivan Alexandrovitch, venez donc faire aller le ministère. Moi, je vous l'avouerai, cela ne m'amusait guère. Je viens en robe de chambre... Je voulais refuser... et puis, j'ai craint que cela n'arrivât à l'empereur... et puis pour mes états de service... Eh bien! messieurs, leur dis-je, je prends la mission, je la prends, que je dis, comme cela... seulement... avec moi qu'on marche droit, — qu'on ne m'échauffe pas les oreilles ! ou bien..... Là-dessus, je vais au ministère... C'était comme un tremblement de terre... Tout tremblait comme la feuille. (Le gouverneur et les employés tremblent de peur. Khlestakof continue en s'échauffant.) Oh! je ne plaisante pas... Je leur ai donné à tous un galop!... C'est que le conseil d'État a peur de moi... Pourquoi? C'est que je suis comme cela. (S'assoupissant par degrés.) Je ne ménage personne, moi. Je leur parle à tous... Je me connais; je me connais bien. Je suis toujours comme cela... je vais à la cour tous les jours. Demain peut-être, on me fera feldmar... (Il chancelle et manque de tomber. Les employés le retiennent avec toutes les marques du plus grand respect.)

« LE GOUVERNEUR, tremblant de tous ses membres. — Vo... vo... vo...

« KHLESTAKOF. — Qu'est-ce qu'il y a ?

« LE GOUVERNEUR. — Vo... vo... vo...

« KHLESTAKOF. — Je ne comprends pas. Qu'est-ce que ce galimatias ?

« LE GOUVERNEUR. — Vo... vo... exce... votre excellence... vous plairait-il de reposer ?... Il y a dans votre chambre tout ce qu'il faut.

« KHLESTAKOF. — Quelle bêtise, reposer ! Ah ! pardon. Oui, je suis prêt à reposer... Je suis très-satisfait... satifait... Votre déjeuner, messieurs... Me voilà, me voilà... Fameux poisson ! fameux poisson ! (Il sort.)

Cependant les fonctionnaires du district, après avoir délibéré entre eux, ont conclu que M. l'inspecteur général n'est pas homme à se laisser gagner par un dîner seulement. On lui députe le plus hardi de la bande pour lui offrir brutalement de l'argent. Grande terreur de cet envoyé, qui, s'il tombe par hasard sur un homme d'honneur, risque de faire le voyage de Sibérie. Il a préparé son offrande, il la tient, il avance la main, la retire, et ne sait comment en venir au fait. Le billet de banque tombe à terre ; Khlestakof le ramasse et demande poliment à l'emprunter. Tout s'est passé, comme il semble, dans les formes. Arrivent l'un après l'autre tous les fonctionnaires du district, en grand uniforme et pourvus de billets de banque. Encouragé par son premier essai, Khlestakof emprunte à l'un deux cents roubles, à l'autre trois cents. Toutes ces scènes sont bien faites, et, malgré l'uniformité du motif, elles se varient heureusement par le contraste des caractères. Je prends la plus courte pour la traduire. Le recteur du collége, homme très-timide, entre en tremblant et se heurte contre le seuil. On entend une voix qui lui dit : — « Allons donc ! n'ayez pas peur.

« Le recteur. — Permettez-moi d'avoir l'honneur de vous offrir l'hommage de mon respect. Je suis le recteur de l'académie, conseiller titulaire, Khlopof.

« Khlestakof. — Soyez le bienvenu. Asseyez-vous donc. Voulez-vous un cigare?

« Le recteur (à part). Que faire? mon Dieu! Prendre ou refuser.

« Khlestakof. — Prenez, prenez. Ils ne sont pas mauvais. C'est vrai que ce n'est pas comme les cigares qu'on a à Pétersbourg. Là, voyez-vous, petit papa, j'en fumais à vingt-cinq roubles le cent. On s'en léchait les babines. Voilà du feu. Allumez-vous. Qu'est-ce que vous faites donc? Ce n'est pas là le bon bout.

« Le recteur laisse tomber le cigare. (A part.) Le diable emporte! maudite timidité!

« Khlestakof. — A ce que je vois, vous n'êtes pas fumeur. Moi, je l'avoue, c'est là mon faible... et les dames aussi. Et vous? hein? qu'aimez-vous le mieux, les brunes ou les blondes? (Le recteur, stupéfait, ne répond rien). Là, franchement, lesquelles préférez-vous?

« Le recteur. — Je... je n'ose...

« Khlestakof. — Non, point de défaites. Je veux absolument savoir votre goût.

« Le recteur. — Oserais-je?... exprimer... (A part.) La tête me tourne. Je ne sais ce que je dis.

« Khlestakof. — Vous ne voulez pas le dire? Je parie que quelque brunette vous a pris dans ses filets. Ah! vous rougissez? J'ai deviné, à ce qu'il paraît. Pourquoi donc ne parlez-vous pas?

« Le recteur. — Excusez, ma timidité, monsi... monseig... votre ex... (A part.) Ah! maudite langue, qu'es-tu devenue!

Khlestakof. — Vous êtes timide? Eh bien! tenez, c'est que j'ai dans les yeux quelque chose qui impose en effet. Au moins, je sais bien qu'il n'y a pas une demoiselle qui résiste à mon regard. Pas vrai?

« Le recteur. — Assurément.

« Khlestakof. — Il m'arrive l'aventure la plus étrange... J'ai été retenu dans mon voyage... si bien... Pourriez-vous, par hasard me prêter trois cents roubles?

« Le recteur lui remettant les billets de banque. — Voici, voici!

« Khlestakof. — Infiniment obligé.

« Le recteur. — Je n'ose abuser plus longtemps de vos moments précieux. (A part.) Grâce au ciel, il n'a pas visité les classes! » (Il sort en courant.)

Khlestakof s'accommode à merveille, comme on peut le penser, de son séjour. Il a empoché force roubles; il fait la cour à la fille du gouverneur, coquette provinciale innocente ou soi-disant telle. Il se laisse même fiancer avec cette dernière à la suite d'une conversation un peu vive, et le gouverneur est enchanté d'avoir pour gendre un homme qui traite les ministres par-dessous la jambe ; mais la farce ne peut se prolonger indéfiniment. Heureusement le valet de Khlestakof est un garçon prudent qui détermine son maître à gagner au pied avant que la vérité se découvre. Cependant, tandis qu'on charge la voiture, Khlestakof a encore des visites à recevoir. Se sont d'abord des marchands qui viennent se plaindre du gouverneur. Ils entrent portant des pains de sucre et des bouteilles d'eau-de-vie, selon l'usage oriental de n'aborder les grands qu'avec un présent à la main.

« Un marchand. — Nous venons battre du front contre le gouverneur. Jamais, monseigneur, on ne vit son pareil. Ses iniquités sont si nombreuses, qu'on ne saurait les écrire toutes. Ce qu'il fait, on est épouvanté à le dire. Il nous abîme de soldats à loger ; on n'a plus qu'à se pendre. Il vous prend par la barbe et vous dit : « Chien de Tartare ! » — Hélas ! mon Dieu ! si on lui avait manqué en quoi que ce soit ; mais nous sommes des gens d'ordre et soumis aux lois. Chacun de nous lui donne une couple d'habits, comme de juste, pour son épouse et sa demoiselle. Nous n'avons rien à dire là contre. Mais, vois-tu, ce n'est rien que cela. Il vient à la boutique. Hélas ! hélas ! tout ce qui lui tombe sous la main, il l'emporte. Il voit une pièce de drap. « Ah ! mon cher, dit-il, voilà du beau petit drap, porte cela chez moi. » Que faire ? il faut bien le lui apporter, et des pièces de cinquante archines.

« Khlestakof. — C'est-à-dire que c'est un coquin.

« Le marchand. — Hélas ! mon Dieu ! personne ne se

souvient d'avoir vu son pareil. Quand il vient chez vous, il vous emporte toute votre boutique. Et encore, ce n'est pas assez pour lui de prendre ce qu'il y a de fin, il empoche jusqu'aux cochonneries. Des pruneaux, parlant par respect, qui, depuis six ans, sont dans le tonneau, que mon garçon qui tient ma boutique ne mangerait pas, lui, il en bourre ses poches à pleines poignées. Son jour de nom, c'est la Saint-Antoine, et ce jour-là, c'est encore plus fort, il lui faut tout, même ce dont il n'a que faire. Non, il dit toujours : Encore. Il dit en outre que la Saint-Onuphre c'est encore son jour de nom, et il faut lui souhaiter la Saint-Onuphre.

« KHLESTAKOF. — C'est tout bonnement un voleur.

« LE MARCHAND. — Si l'on s'avise de lui tenir tête, il vous enverra tout un régiment à loger. Il vous dit de venir lui parler. Bon ; puis il ferme la porte. « Mon cher, dit-il, je ne peux pas te faire donner la bastonnade, ni te mettre à la question, parce que la loi ne le permet pas ; mais, mon cher, vois-tu, je te ferai avaler tant de couleuvres, qu'à la fin je te rendrai souple comme un gant. »

« KHLESTAKOF. — Quel coquin! Il y a de quoi le faire aller en Sibérie.

« LE MARCHAND. — Monseigneur, fais-en ce que tu voudras, tout sera bien, pourvu que tu le fasses aller autre part. Notre père, ne dédaigne pas notre pain et notre sel (1). Nous t'offrons nos hommages avec ce sucre et cette eau-de-vie.

« KHLESTAKOF. — Vous n'y pensez pas, mes amis, je n'accepte de cadeaux de personne; mais, par exemple, si, entre vous, vous pouviez me prêter trois cents roubles, ce serait une autre affaire. Je puis bien emprunter.

« LES MARCHANDS. — De grand cœur, notre père. Trois

(1) L'offrande du pain et du sel est un symbole de soumission que présente le vassal à son seigneur, le protégé à son protecteur.

cents roubles ! Qu'est-ce que cela ? Prends-en cinq cents, et sois-nous en aide.

« KHLESTAKOF. — Vous le voulez ! je les prends. C'est une dette sacrée pour moi.

« LES MARCHANDS, lui présentant les billets sur un plateau d'argent. — Prends au moins ce plateau.

« KHLESTAKOF. — Passe pour le plateau.

« LES MARCHANDS se prosternant. — Prends encore le sucre avec.

« KHLESTAKOF. — Oh ! jamais ! Point de cadeaux !

« LE VALET. — Monseigneur, pourquoi ne pas prendre cela ? En voyage, tout sert. Allons, voyons les pains de sucre et l'eau-de-vie. Qu'est-ce que cela encore ? De la ficelle. Donnez-moi cette ficelle. Cela peut servir en route. On rattache tout avec de la ficelle. »

Tout cela peut être un tableau vrai, mais il est un peu sombre pour être comique. Voici qui est encore plus grave. Aux marchands succèdent deux femmes. En entrant, elles se mettent à genoux.

« KHLESTAKOF. — Levez-vous. Qu'une seule parle à la fois. Toi, que demandes-tu ?

« PREMIÈRE FEMME. — Je demande miséricorde. Je frappe la terre du front contre le gouverneur. Que le Seigneur l'accable de tous les maux, lui et ses enfants, oui, ce gredin-là, ses oncles et ses tantes, et que rien ne leur profite !

« KHLESTAKOF. — De quoi s'agit-il ?

« PREMIÈRE FEMME. — Il a fait raser la tête à mon mari pour qu'il fût soldat (1), quoique ce ne fût pas notre tour, le gredin ! Et la loi le défend : il est marié.

(1) Les paysans russes portent les cheveux longs. Lorsqu'un homme est désigné pour être soldat, on lui rase les cheveux par

« Khlestakof. — Comment cela se peut-il?

« Première femme. — Il l'a fait, le gredin! il l'a fait. Que Dieu le frappe en ce monde et dans l'autre! S'il a une tante, que tout aille de travers chez elle! Si son père vit encore, qu'il crève, la canaille! ou qu'il étrangle à tout jamais, le gredin qu'il est! C'était le tour au fils du tailleur, outre que c'est un *pochard*; mais les parents, qui sont riches, ont donné un cadeau. Pour lors, cela tombait au fils de la Panteleïef, une marchande d'ici; mais la Panteleïef alors a envoyé à madame son épouse trois pièces de toile. Alors on est tombé sur moi. Qu'as-tu affaire de ton mari? qu'il m'a dit; il ne te sert à rien. — Possible, que je dis; mais qu'il me serve ou qu'il ne me serve pas, c'est mon affaire... Quel gredin! il dit, ce voleur! il dit : S'il n'a pas volé, c'est égal, qu'il dit, il volera. Pour lors, l'année suivante, on le prend pour conscrit. Il me laisse sans mari, le gredin! Je suis une pauvre femme! Maudit vaurien! puisse toute ta lignée ne plus voir le jour du bon Dieu, et s'il a une belle-mère, que sa belle-mère...

« Khlestakof. — C'est bon, c'est bon, ma petite mère. Il payera tout cela. — Et toi, que veux-tu?

« Deuxième femme. — Je viens, mon petit père, frapper le front contre...

« Khlestakof. — Dépêche. De quoi s'agit-il?

« Deuxième femme. — Du fouet, mon père.

« Khlestakof. — Comment cela?

« Deuxième femme. — Par erreur, mon petit père. Nos femmes se sont disputées au marché. La police est venue; on m'empoigne, et ils ont fait un rapport, que j'en ai été deux jours sans pouvoir m'asseoir.

« Khlestakof. — Que veux-tu que j'y fasse?

devant, en sorte qu'il lui est difficile de déserter avant d'avoir rejoint son corps.

« Deuxième femme. — Il y a bien quelque chose à y faire. Ordonne qu'à cause de l'erreur, il me paye une indemnité ; je ne la refuserai pas, et un peu d'argent m'arrangerait fort au jour d'aujourd'hui. »

Le cinquième acte contient la moralité de l'ouvrage. Khlestakof est parti. Le gouverneur, persuadé qu'il veut épouser sa fille, rêve déjà les cordons et les grades que son gendre ne peut manquer de lui procurer, lorsque le directeur de la poste, qui a ouvert les lettres selon son habitude, lui en apporte une que Khlestakof écrit à un de ses amis, rédacteur d'un journal à Pétersbourg. Il raconte son aventure et se moque de ses dupes. La lettre est lue devant tous les fonctionnaires assemblées, et chacun y trouve son paquet. C'est une imitation libre de la scène du billet dans *le Misanthrope*. Au milieu de l'ébahissement général entre un gendarme annonçant que le véritable inspecteur est arrivé et qu'il invite ces messieurs à se présenter devant lui. Auront-ils à donner de nouveaux billets de banque? seront-ils destitués et traités selon leurs mérites? L'auteur ne le dit pas, et la toile tombe sur le tableau général de tous ces coquins volés et confondus.

FIN.

TABLE.

Carmen...	1
Arsène Guillot................................	107
L'abbé Aubain................................	193
La Dame de pique...........................	221
Les Bohémiens................................	277
Le Hussard....................................	301
Nicolas Gogol.................................	309

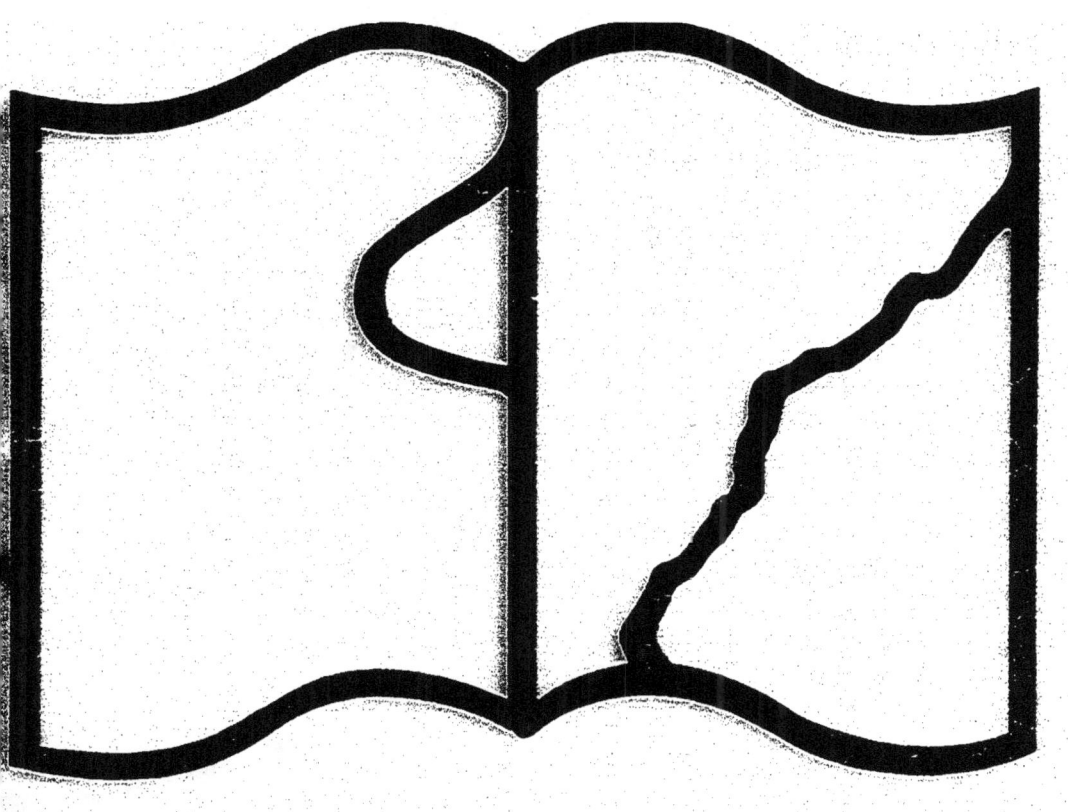

Texte détérioré — reliure défectueuse

NF Z 43-120-11

Contraste insuffisant
NF Z 43-120-14

www.ingramcontent.com/pod-product-compliance
Lightning Source LLC
Chambersburg PA
CBHW070845170426
43202CB00012B/1954